2.-6. Schuljahr

Edith Aepli

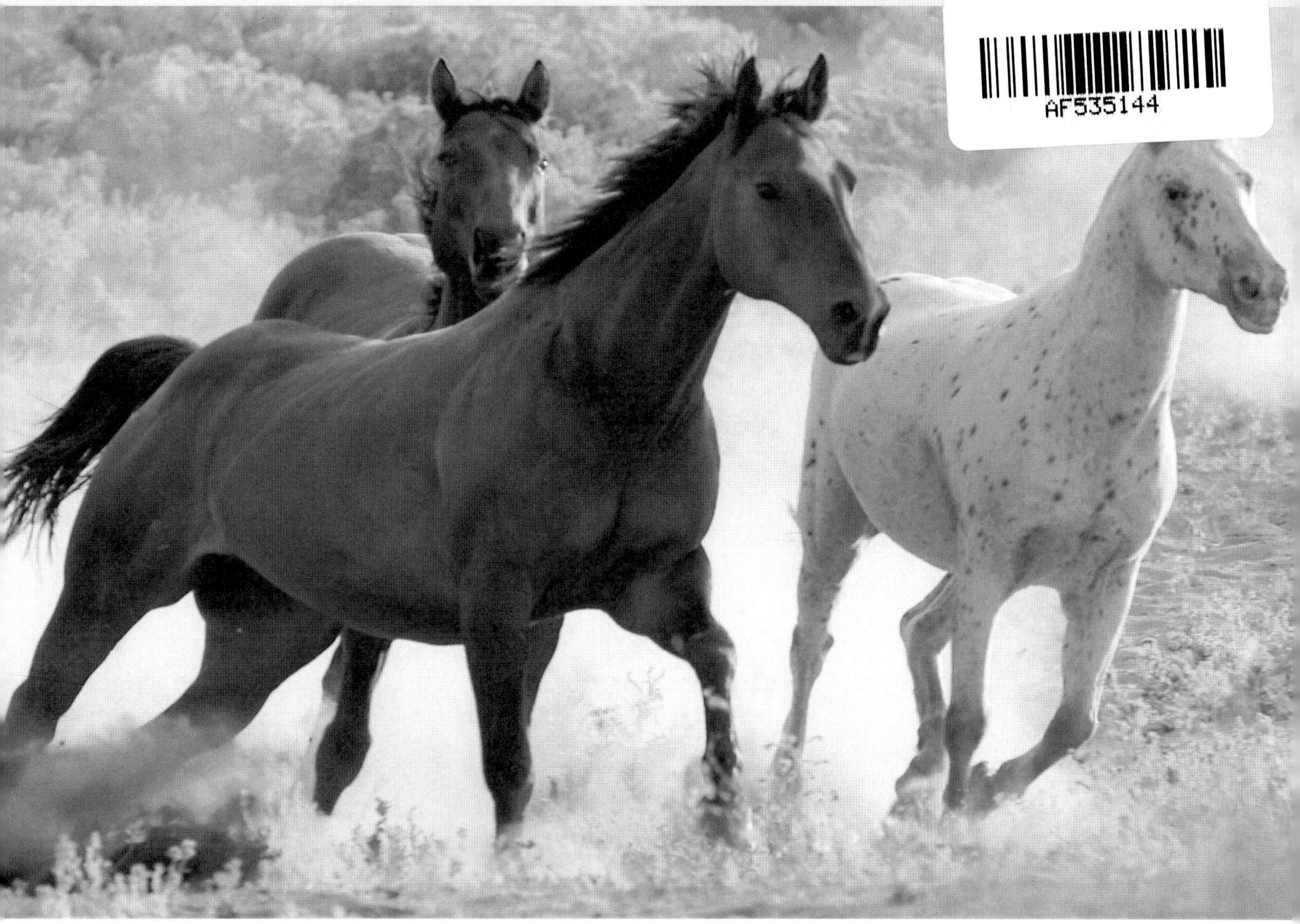

Lernwerkstatt Pferde

Wissenswertes über die beliebten Huftiere

www.kohlverlag.de

Lernwerkstatt PFERDE

Wissenswertes über die beliebten Huftiere

10. Auflage 2024

Inhalt: Edith Aepli
Illustrationen: Mile Penava
Umschlagbild: © Jeanne Hatch - fotolia.com
Redaktion: Kohl-Verlag
Grafik & Satz: Simedia.de & Kohl-Verlag
Druck: Druckerei Flock, Köln

Bestell-Nr. 11 343

ISBN: 978-3-86632-681-1

Der vorliegende Band ist eine Print-Einzellizenz

Sie wollen unsere Kopiervorlagen auch digital nutzen? Kein Problem – fast das gesamte KOHL-Sortiment ist auch sofort als PDF-Download erhältlich! Wir haben verschiedene Lizenzmodelle zur Auswahl:

	Print-Version	PDF-Einzellizenz	PDF-Schullizenz	Kombipaket Print & PDF-Einzellizenz	Kombipaket Print & PDF-Schullizenz
Unbefristete Nutzung der Materialien	x	x	x	x	x
Vervielfältigung, Weitergabe und Einsatz der Materialien im eigenen Unterricht	x	x	x	x	x
Nutzung der Materialien durch alle Lehrkräfte des Kollegiums an der lizensierten Schule			x		x
Einstellen des Materials im Intranet oder Schulserver der Institution			x		x

Die erweiterten Lizenzmodelle zu diesem Titel sind jederzeit im Online-Shop unter www.kohlverlag.de erhältlich.

Inhalt

Lernwerkstatt PFERDE
Wissenswertes über die beliebten Huftiere – Bestell-Nr. 11 343

Vorwort

Liebe Kolleginnen und Kollegen,

Pferde sind Tiere, die nicht nur Kinder faszinieren, sondern auch auf Erwachsene einen besonderen Reiz ausüben. Wegen ihrer anmutigen Erscheinung, ihres freundlichen Wesens, ihrer Arbeitskraft und als Sportsfreund sind Pferde bei vielen beliebt.

Es ergeben sich viele Fragen bei der Beschäftigung mit dem Thema Pferd wie z.B.:

- Wer sind die Vorfahren der Pferde?
- Wer sind ihre verwandten Tierarten?
- Welche Pferderassen gibt es und woran erkenne ich sie?
- Warum trägt ein Pferd ein Hufeisen?
- Wie pflege ich ein Pferd richtig?
- Wie entsteht ein Fohlen?
- Welche Gemeinsamkeiten haben der Körperbau des Menschen und der des Pferdes?
- In welchen Sportarten kann ich dem Pferd vertrauen?

Die Antworten auf diese und weitere Fragen werden neben vielfältigen Informationen in kurzen, verständlichen und übersichtlichen Texten, Bildern und Darstellungen gegeben. Zu jedem Thema werden Arbeitsblätter zur Festigung der Informationen angeboten.

Gedichte, Geschichten, Texte, Bastelvorschläge, Suchbilder, Zeichenvorlagen und vielfältige kreative Anregungen aus dem ästhetischen Bereich ergänzen die Angebote in diesem Buch.

Viel Spaß beim Satteln Ihrer Pferde wünschen Ihnen der Kohl-Verlag und

Edith Aepli

Didaktisch-methodische Hinweise

Die Zeichnungen in den einzelnen Themenbereichen können je nach Unterrichtsplanung auf Folie kopiert und als Einstieg und/oder Vorbereitung des Themas eingesetzt werden.

Im **ersten Teil** des Buches (Kapitel 1 – 16) werden Informationen zu den angegebenen Themenbereichen mit den motivierenden Zeichnungen gegeben. Zum Themenbereich wird ein Arbeitsblatt angeboten, das kopiert und je nach Inhalt in Einzelarbeit oder Kleingruppen bearbeitet wird. Es eignet sich in vielen Fällen auch als Hausaufgabe. Vorlagen, auf denen Text und Aufgabenstellung auf derselben Seite erscheinen, können halbseitig kopiert bzw. nach dem ganzseitigen Kopieren geteilt ausgegeben werden. Die Lösungen sind am Ende des Bandes (Kapitel 20) zusammengefasst.

- Urpferde (Seite 7/8): Ähnlichkeiten des Eohippus mit anderen Tieren wie z.B. Echsen kann durch Aushängen von Vergrößerungen erkannt werden. Die Veränderungen der Hufform sollte ein wichtiger Diskussionspunkt im Unterricht sein.
- Beim Thema „Skelettvergleich Pferd-Mensch“ (Seite 17) ist eine Betrachtung der Evolution des Menschen sinnvoll. Bildfolgen können im Internet gefunden werden.
- Das Pferde-Quiz (Seite 31/32) fasst alle Themenbereiche mit kurzen Fragen und Aufgaben zusammen.

Der informative erste Teil wird durch motivierende Angebote aus dem Sprach- und Kreativbereich im **zweiten Teil** (Kapitel 17 – 19) des Buches ergänzt.

- **Gedichte, Geschichten, Redensarten, Texte (Seite 33 – 40)**
  - Das Gedicht „Die kleinen Pferde heißen Fohlen“ von James Krüss kann nach dem Thema „Ein Fohlen entsteht“ (Seite 15/16) eingesetzt werden. Die Kinder suchen Reimwörter und markieren die Reimpaare in der selben Farbe. Der Prozess des ersten Aufstehens wird nachgespielt. Neben dem Auswendiglernen regt es auch zum Malen einzelner Szenen an.
  - Die Kopiervorlagen zur Bildergeschichte „ Wie bringt man ein Pferd zum Laufen“ (Seite 36/37) werden vergrößert an die Tafel gehängt. Wichtige Bildaussagen werden in Stichpunkten an der Tafel festgehalten. Anschließend wird die Geschichte ins Heft geschrieben (Vorlage Seite 35).
  - Der Text „ Benni mit dem Dickschädel“ (Seite 37) führt zu kreativer Textarbeit mit dem Finden eines individuellen Endes der Geschichte.
  - Nach der Zuordnung der Karten können die „ Redensarten rund ums Pferd“ (Seite 38) gemalt werden.

- **Basteln, Suchen, Zeichnen**

  Die Anleitung zur Umsetzung ist jeweils auf der Vorlage zu finden.

- **Das ist ja zum Wiehern!**

  Die Pferdewitze bieten vielfältige Möglichkeiten an:

Didaktisch-methodische Hinweise

- Lesen und mit eigenen Pferdewitzen ergänzen
- Bilder zum Witz malen und mit Sprechblasen versehen
- Spielen
- Die Scherzfrage „Was ist ein Sattelschlepper?“ als Vorlage für andere Wortspiele nehmen wie z.B. Zügellos, im Zaum halten, die Mähne kämmen, die Zügel schleifen lassen/anziehen, bestes Pferd im Stall, das hält ja kein Pferd aus, ich denk, mich tritt ein Pferd, da bringen mich keine 10 Pferde hin/von ab, die Pferde gehen mit ihm durch,das Pferd am Schwanz aufzäumen, die Pferde scheu machen, mit ihm kann man Pferde stehlen, aufs falsche/richtige Pferd setzen, immer sachte mit den jungen Pferden, einen vom Pferd erzählen, auf dem hohen Ross sitzen, das ist der Pferdefuß, u.a.m..
- Die Wortspiele wörtlich in ein Bild übernehmen und raten lassen.

• Ideenkiste

- Zum Lied „Das rote Pferd“ werden auf den Text bezogene Bewegungen erfunden. Text und Hörbeispiele zum Song sind im Internet nach Eingabe des Titels zu finden. Interessant ist die Version eines Gitarre spielenden Mädchens mit dem Webnamen <robikohl> unter <youtube.com/watch?v=xsd8yLuE-Ww>
- Die Schwarz-Weiß-Kopie des Bildes „Rotes und blaues Pferd“ von Franz Marc wird als Gestaltungsidee coloriert. Das Bild kann ebenfalls im Internet gefunden werden. Im Kunstunterricht kann auf die weiteren Werke von Franz Marc eingegangen werden.

  Ein Vorschlag für die Umsetzung im Unterricht:

Kurzinformation zum Künstler und seinem Werk:
Franz Marc wurde im Jahr 1880 in München geboren. Schon früh entdeckte er seine Liebe zur Kunst und sein Talent auf diesem Gebiet. Er begann zu malen und zu zeichnen. Vor allem Tiere waren seine Lieblingsmotive. Seit er mit 19 Jahren Pferden bei seinem Militärdienst näher kam, waren sie Franz Marcs große Leidenschaft. Ihre anmutigen Bewegungen hielt er in seinen Bildern fest. Um ihnen noch mehr Ausdruck zu verleihen, malte er die Tiere in Farben, die so in der Natur nicht vorkommen. So drückte er seine eigenen Gefühle aus. Er gilt deshalb als einer der berühmtesten deutschen ***Expressionisten*** (Ausdrucksmaler). Mit nur 36 Jahren starb Franz Marc 1916 als Soldat im ersten Weltkrieg. Seite an Seite mit seinen treuen Weggefährten – den Pferden.

Fragen zum Bild „Rotes und blaues Pferd“ von 1912:

1. Achte auf die Körperhaltung der Tiere. Wie fühlt sich das hintere Pferd und wie das im Bildvordergrund?
2. Welches der beiden Pferde hättest du rot gemalt und welches blau? Warum?
3. Stell dir vor, die Pferde würden im nächsten Augenblick lebendig. Wie könnte diese Szene weitergehen?

I. Urpferde

Vor über 60 Millionen Jahren gab es bereits die ersten Urpferde. Sie entwickelten sich nur allmählich von hundegroßen Tieren zu den heutigen eleganten Tieren.

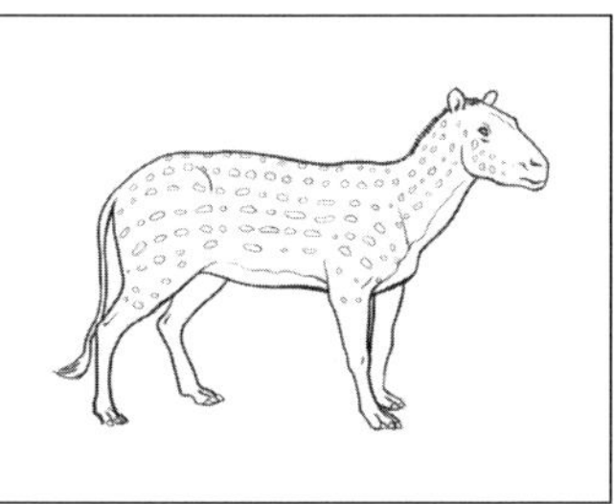

Eohippus

- lebte vor 50 Mio. Jahren
- Schulterhöhe: 30 bis 38 cm
- 4 Zehen an den Vorder- und 3 Zehen an den Hinterfüßen
- runder Rücken
- Lebensraum: Sumpf und Wald

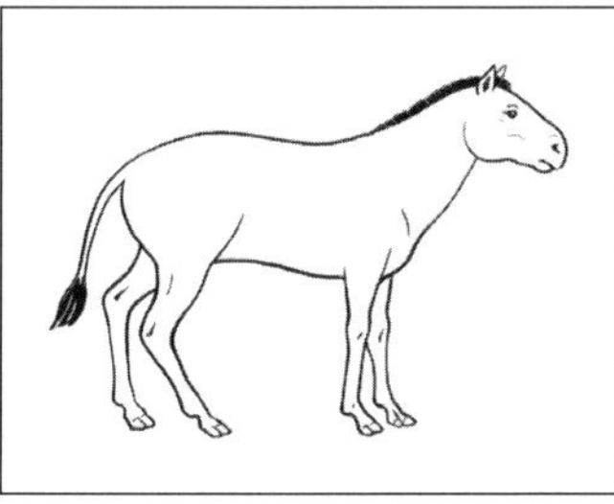

Mesohippus

- lebte vor 25 Mio. Jahren
- etwa so groß wie ein Wolf
- 3 Zehen an allen Füßen
- gerader Rücken

Merychippus

- lebte vor 12 Mio. Jahren
- Schulterhöhe: 90 cm
- 3 Zehen an allen Füßen, von denen nur noch der mittlere den Boden berührt
- Lebensraum: Grasland

Pliohippus

- lebte vor 3 Mio. Jahren
- Schulterhöhe: 1 m
- erster Einhufer, die restlichen Zehen bildeten sich zurück

Lernwerkstatt PFERDE
Wissenswertes über die beliebten Huftiere – Bestell-Nr. 11 343

I. Urpferde

Aufgabe 1: Verbinde Text und Bild richtig. Schreibe den Namen zu jedem Urpferd.

1. Es hatte noch keine Hufe, sondern Vorderpfoten mit vier und Hinterpfoten mit drei Zehen. Es war etwa so groß wie ein Fuchs. Da die Landschaften stark bewaldet waren, konnte sich das Urpferd mit seinem runden Rücken gut ducken und im Unterholz fortbewegen.

2. Es konnte schneller laufen als das Eohippus. Dabei berührten alle drei Zehen des Fußes den Boden und halfen das Gewicht zu tragen. Der Rücken des Urpferdes war bereits ziemlich gerade und es war etwa so groß wie ein Schäferhund.

3. Bei ihm waren die äußeren Zehen bereits so weit zurückgebildet, dass sie den Boden nicht mehr berührten. Über die Jahrtausende verschwanden die ausgedehnten Wälder und es entstanden Graslandschaften. Durch die veränderte Nahrung entwickelten sich gute Schneide- und Mahlzähne. Diese Urpferde konnten sich bei Gefahr nicht mehr verstecken und wurden so zum Fluchttier.

4. Während Millionen von Jahren bildeten sich die äußeren Zehen vollständig zurück. Es ist somit der erste Einhufer. Die Vorfahren der Pferde wurden auch stetig größer. Dieses Urpferd war bereits etwa so groß wie ein heutiger Esel.

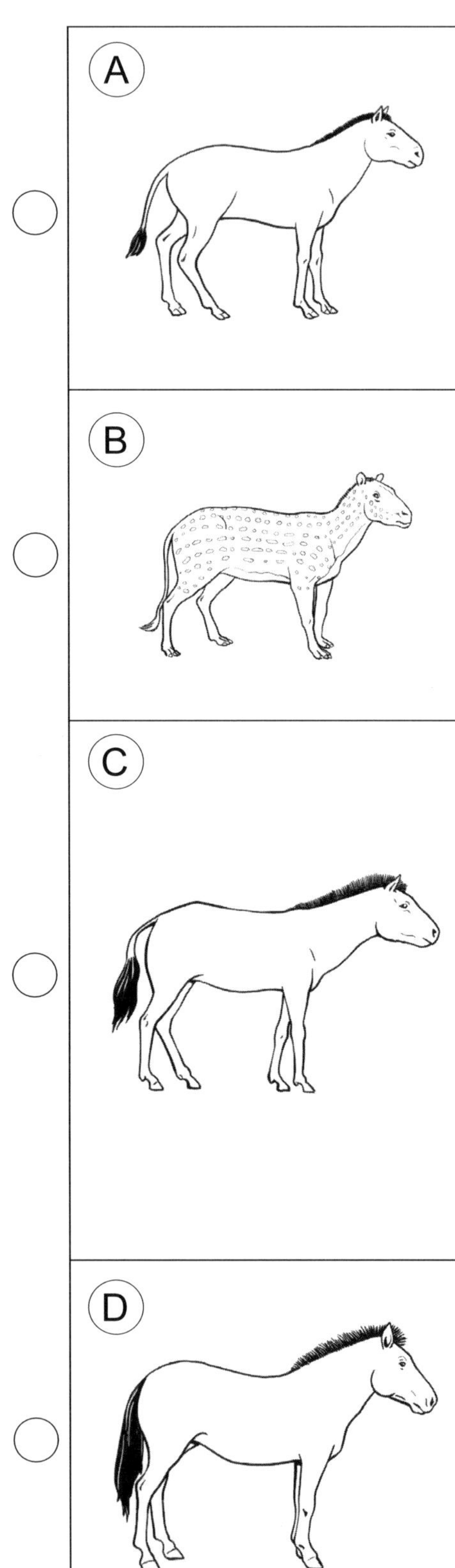

Lernwerkstatt PFERDE
Wissenswertes über die beliebten Huftiere – Bestell-Nr. 11 343

II. Pferdearbeit

Bereits sehr früh setzten die Menschen Pferde zum Arbeiten ein:
Vor der Erfindung der Benzinmotoren trugen die Pferde Menschen und Waren auf ihrem Rücken.

Sie zogen Dinge, die für den Transport auf ihrem Rücken zu schwer waren:
Schiffe, Kutschen, Wagen und Arbeitsgeräte.

Bis es Maschinen gab, halfen die Pferde beim Pflügen, Säen, Ernten auf den Äckern. So erleichterten sie den Menschen die schwere Feldarbeit.

Erst seit dem letzten Jahrhundert sind Pferde und Ponys zu beliebten Freizeitpartnern geworden. Sie werden nur noch selten als Arbeitstiere eingesetzt. Es gibt noch vereinzelt Bauern, die Pferde zur Feldarbeit benutzen. Und auch im Wald wird ab und zu noch deren Kraft genutzt, weil sie wendiger und weniger schädlich für den Waldboden sind als Traktoren und große Maschinen.

II. Pferdearbeit

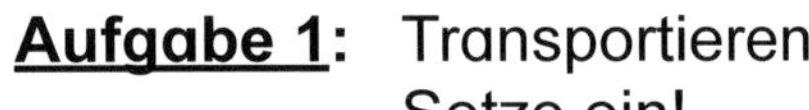

Aufgabe 1: Transportieren
Setze ein!

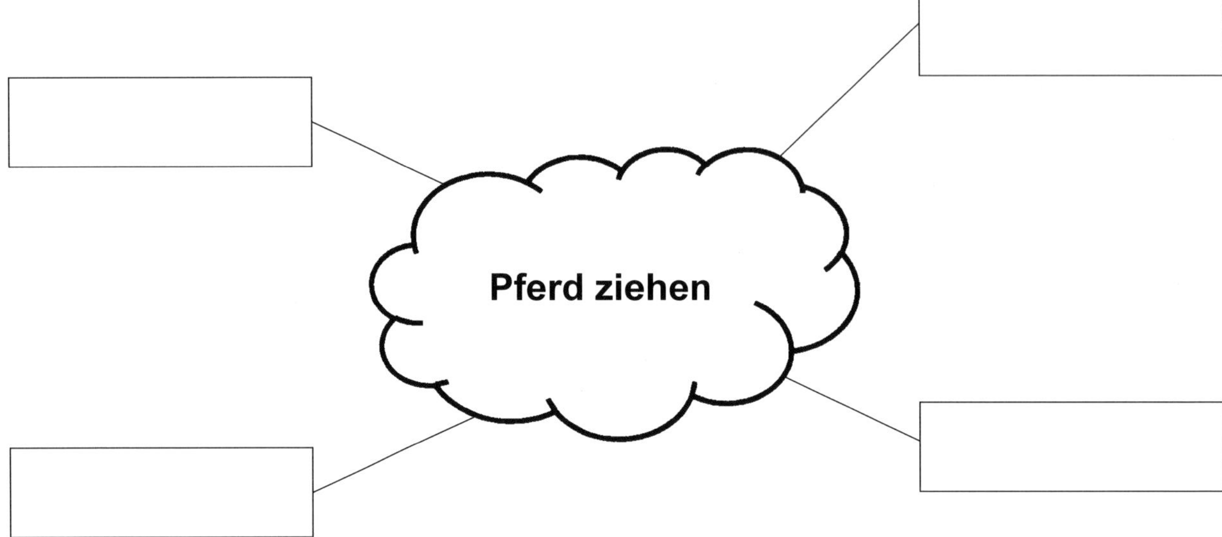

Aufgabe 2: Auf dem Acker
Setze ein!

Aufgabe 3: Heute helfen Pferde ab und zu im Wald, weil sie __________________ und __________________________ sind.

Aufgabe 4: Was löste die Pferde bei der Feldarbeit ab?

____

Lernwerkstatt PFERDE
Wissenswertes über die beliebten Huftiere – Bestell-Nr. 11 343

III. Hufeisen

Die Hufe der Pferde eignen sich für weiche Böden von Wald, Wiesen und Feldern. Wildpferde brauchen deshalb keine Hufeisen. beim Laufen auf harten Böden würde das Pferd sich aber verletzen. Mit Hufeisen schützen die Menschen die Hufe der Pferde.

Von einem Hufschmied wird das Pferd „beschlagen": Es bekommt ein Hufeisen. Das Hufeisen wird im Feuer erhitzt und glüht noch, wenn es dem Pferd angepasst wird. Mit Nägeln wird es am äußeren Hufrand (Tragrand) befestigt. Das Pferd spürt davon allerdings nichts, weil der Huf (ähnlich wie menschliche Fingernägel) aus Horn besteht und somit nicht schmerzempfindlich ist.

Aufgabe 1: *Zeichne für diesen Pferdehuf ein Hufeisen.*

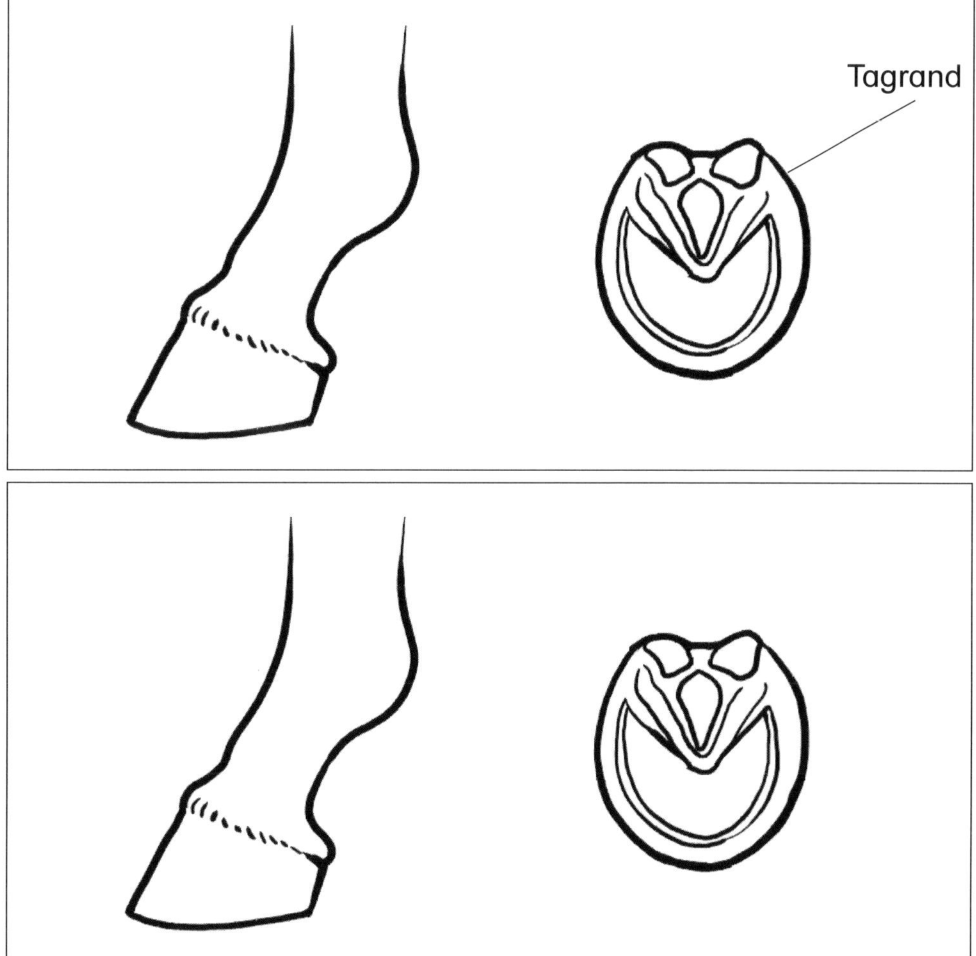

Aufgabe 2: *Fülle die Lücken mit den passenden Begriffen.*

Zum Beschlagen benötigt der Hufschmied ein ______________________ und einen ________________________________ . Wildpferde brauchen kein Hufeisen, weil sie nur auf ______________________ laufen.

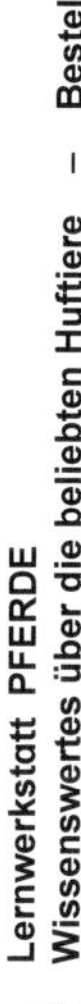

IV. Rassen

Ursprünglich dienten Pferde den Menschen als Beutetiere, die Fleisch, Knochen und Felle lieferten. Vor ungefähr 5000 Jahren fingen die Menschen an, Pferde zu zähmen. Da die Pferde unterschiedlich eingesetzt wurden, züchteten die Menschen sie zu verschiedenen Rassen:

Kaltblut

- schwere, kräftige Pferde
- früher in der Landwirtschaft und als Zugpferde eingesetzt
- arbeitswillig und verlässlich
- bis zu 1 t schwer

Warmblut

- Reitpferde
- für Sport und Freizeit geeignet
- leichter als Kaltblütler
- heute am meisten verbreitet

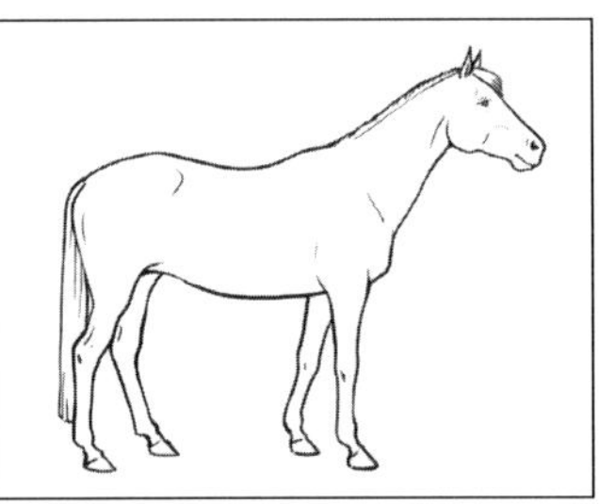

Vollblut

- feingliedrig, temperamentvoll
- schnell und ausdauernd
- ursprünglich Wüstenpferde
- gelten als edelste Pferde

Ponys

- Kleinpferd mit Stockmaß unter 1,48 m
- dichte Wuschelmähne
- großer Kopf, runder Bauch
- kurze, kräftige Beine

Lernwerkstatt PFERDE
Wissenswertes über die beliebten Huftiere – Bestell-Nr. 11 343

Seite 12

IV. Rassen

Aufgabe 1: *Was weißt du über diese Rassen? Trage Stichworte ein.*

Kaltblut

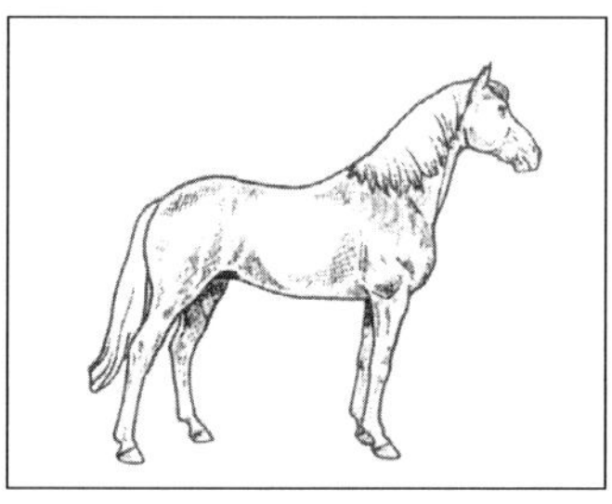

Warmblut

Vollblut

Pony

Hättest du gewusst, dass die größte Pferderasse das Shire Horse, eine Kaltblutrasse ist? Vom Boden aus gemessen bis zur Mitte ihrer Hälse werden diese Pferde über 2 m groß.

Lernwerkstatt PFERDE
Wissenswertes über die beliebten Huftiere – Bestell-Nr. 11 343

V. Unpaarhufer – Paarhufer

Das Pferd gehört zur Familie der Unpaarhufer, die man Equus nennt. „Unpaar“ deshalb, weil die Hufe kein Paar bilden, also nicht geteilt sind.

Wenn man die Füße anderer Tiere damit vergleicht, fällt auf, dass sie geteilt sind. Schweine und Hirsche haben beispielsweise eine gerade Anzahl von Zehen:

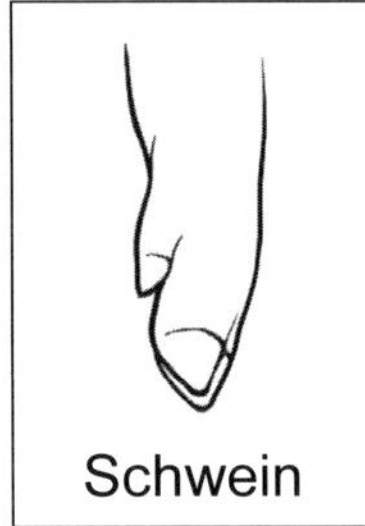
Schwein

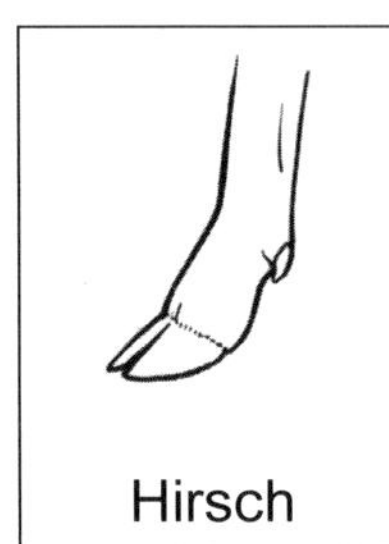
Hirsch

Pferde und Nashörner haben eine ungerade Anzahl an Zehen.

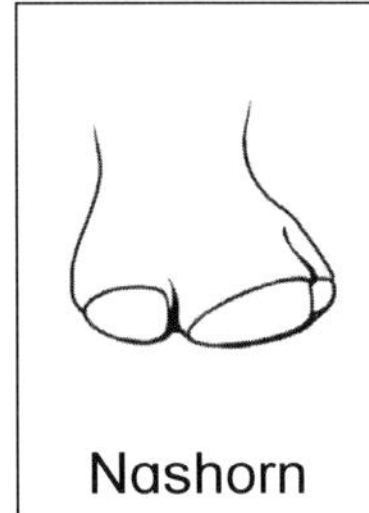
Nashorn

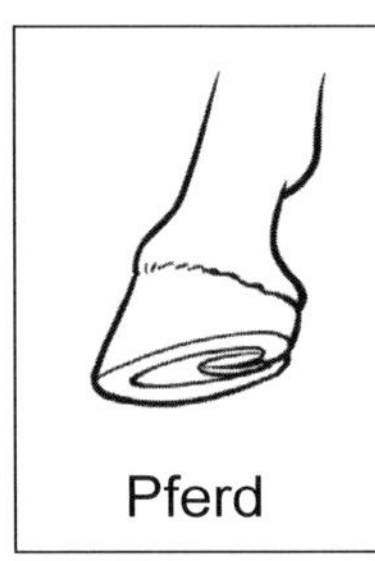
Pferd

Verwandte

Zum Stamm der Pferde und somit zu ihren direkten Verwandten gehören:

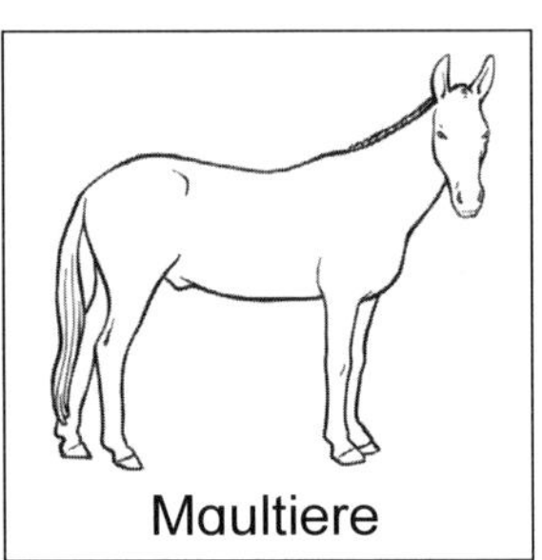
Maultiere

Esel

Zebras

Aufgabe 1: *Setze ein.*

Bei Unpaarhufern sind die Hufe ______________________________

Beispiele: ______________________________

Bei Paarhufern sind die Hufe ______________________________

Beispiele: ______________________________

Lernwerkstatt PFERDE
Wissenswertes über die beliebten Huftiere – Bestell-Nr. 11 343

VI. Ein Fohlen entsteht

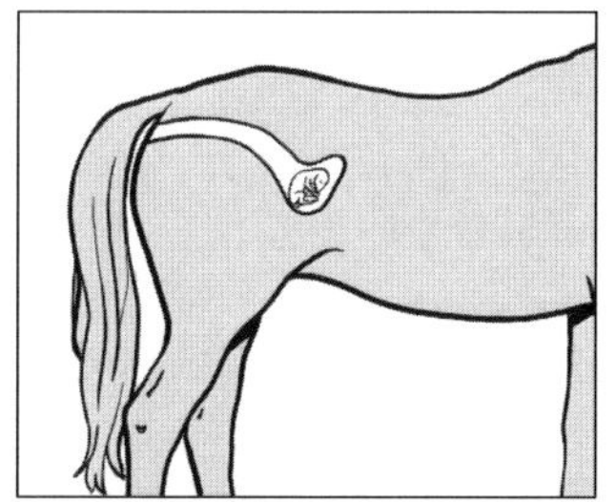

2 Monate nach der Befruchtung misst der Pferdefötus 5 bis 7,5 cm.

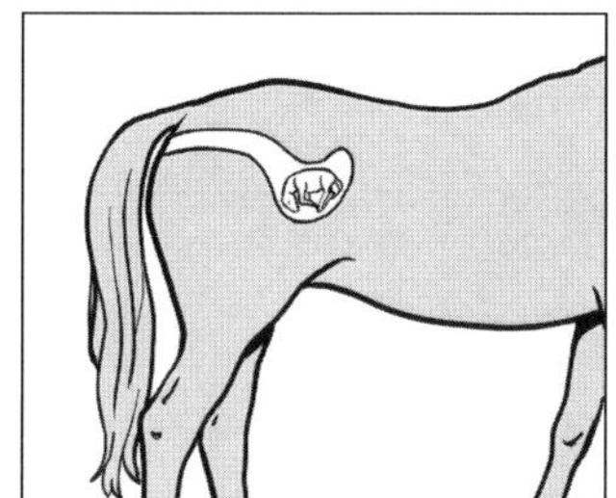

Nach 4 Monaten ist das Fohlen 12 bis 22 cm lang und es sind erste Härchen an Ober- und Unterlippe zu sehen.

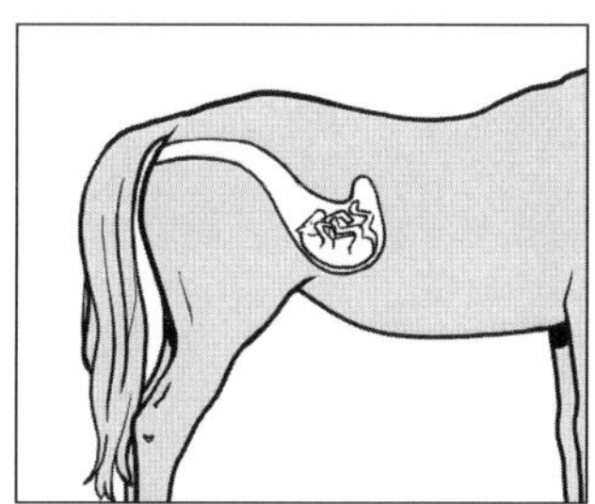

Nach 6 Monaten ist es bereits 35 bis 60 cm lang und hat bereits ausgebildete Härchen an Lippen, Nüstern und Augenbrauen.

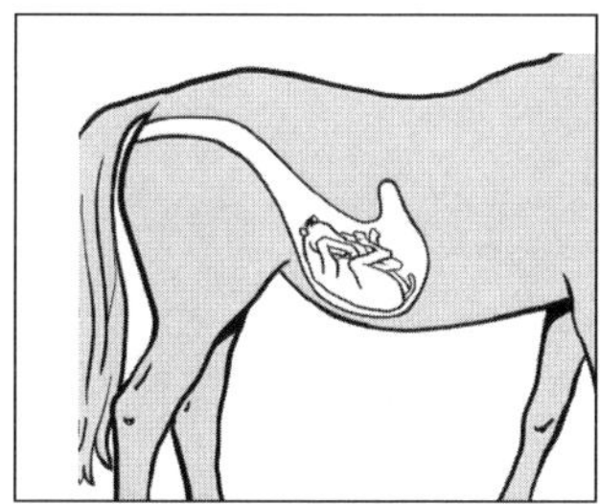

Mit 8 Monaten ist das Fohlen 50 bis 80 cm groß. Die Mähne beginnt zu wachsen.

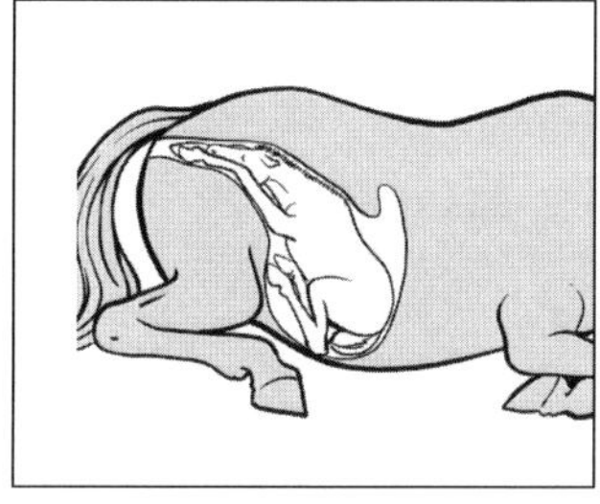

Im 10. Monat misst das Fohlen 75 bis 145 cm und wiegt 30 bis 60 kg. Kurz vor der Geburt dreht sich das Fohlen auf den Bauch und streckt die Vorderbeine.

Nach einer Tragezeit von 315 bis 340 Tagen (fast 1 Jahr) kommt das Fohlen mit den Vorderfüßen voraus zur Welt. Es kann bereits etwa eine halbe Stunde nach der Geburt aufstehen und wegrennen, was in freier Wildbahn überlebenswichtig ist. Während eines halben Jahres wird es von der Mutter gesäugt.

Lernwerkstatt PFERDE Wissenswertes über die beliebten Huftiere – Bestell-Nr. 11 343

VI. Ein Fohlen entsteht

Aufgabe 1: *Fülle die Lücken mit Hilfe des Textes aus.*

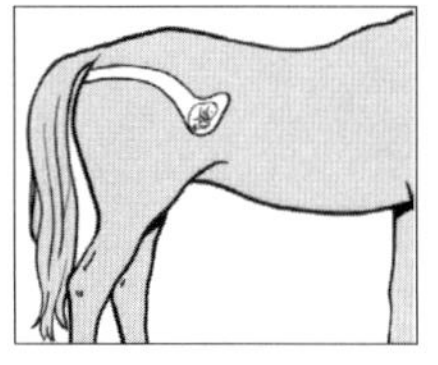 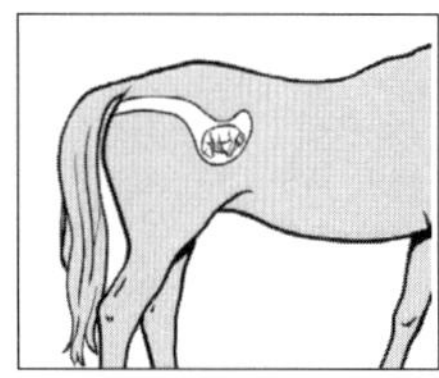 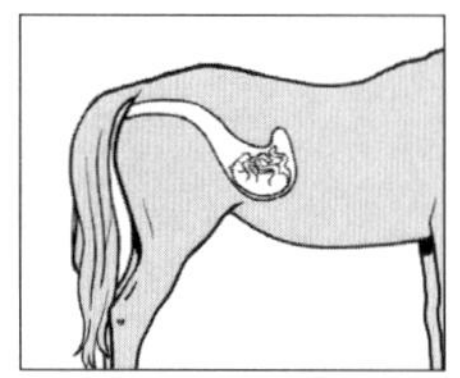 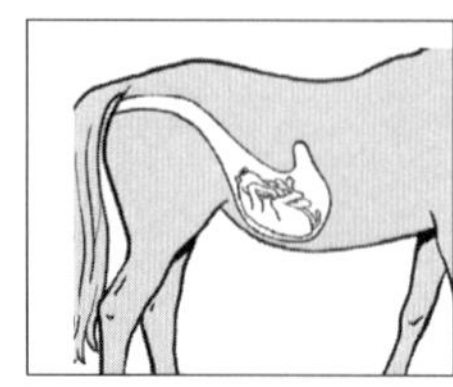 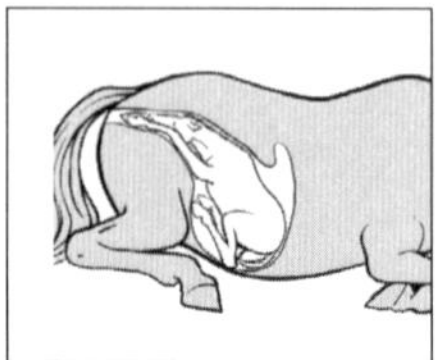

Zwei Monate nach der Befruchtung ist der Pferdefötus ______ bis _______ cm groß.

Wenn das Fohlen im Bauch der Mutter 35 bis 60 cm misst und ausgebildete Härchen an Lippe, Nüstern und Augenbrauen hat, ist es ungefähr _________ Monate alt.

Im Alter von vier Monaten sind erste kleine Haare an der _________________ und der __________________ zu erkennen.

Kurz vor der Geburt __________ sich das Fohlen auf den Bauch und ____________ ___________________________ .

Wenn die Mähne zu wachsen beginnt, ist das Fohlen _______ Monate alt.

Die Schwangerschaft von Pferden nennt man ____________________ .
Sie dauert fast ____________________ .

Schon ________________ nach der Geburt kann das Fohlen aufstehen und ______________________ .

Die Zeit, in der das Fohlen von der Mutter gesäugt wird, dauert _____________________________ .

Lernwerkstatt PFERDE
Wissenswertes über die beliebten Huftiere – Bestell-Nr. 11 343

VII. Skelettvergleich Pferd – Mensch

Aufgabe 1: *Färbe die angegebenen Körperteile bei beiden Bildern.*

Ferse:	grün
Ellbogen:	blau
Zehen/Finger:	gelb
Knie:	rot
Becken:	orange

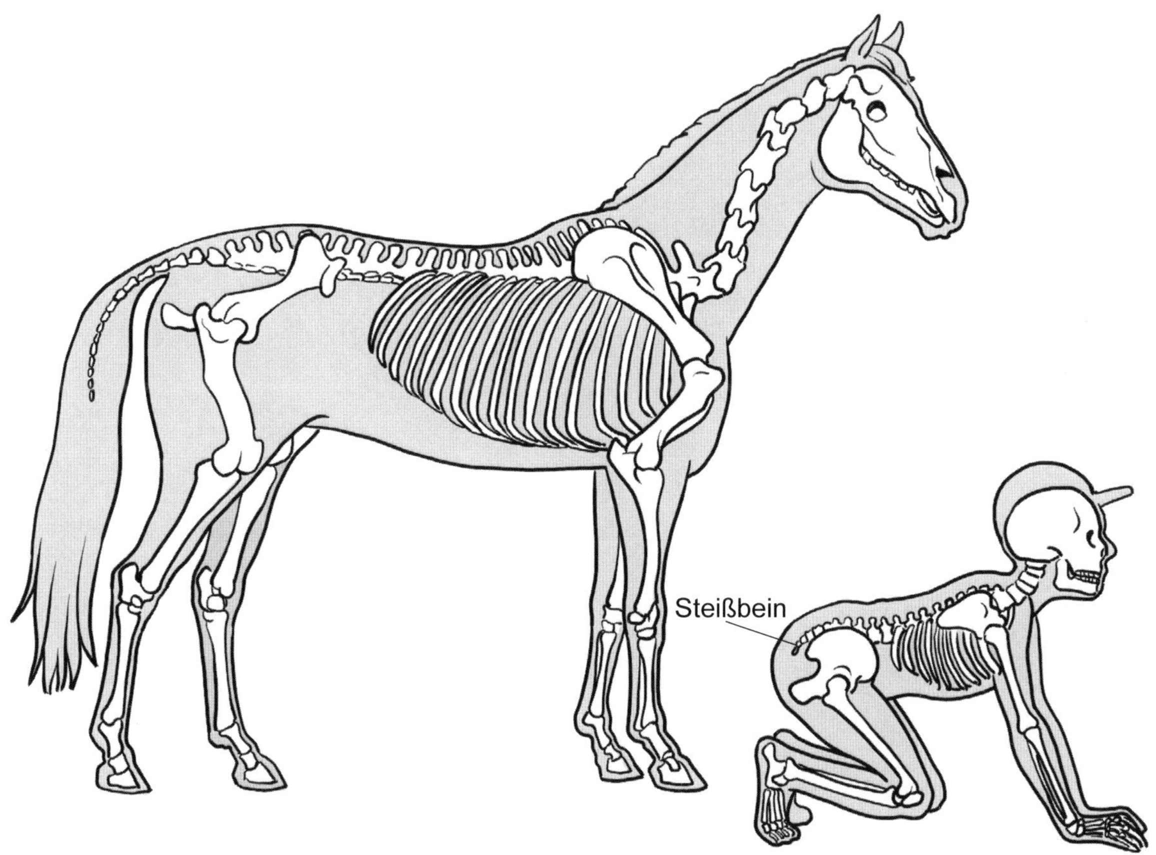

Aufgabe 2: *Beantworte nun folgende Fragen auf der Rückseite des Blattes.*

a) Wie nennt man das Körperteil des Menschen, das beim Pferd als Schweif/Schwanz bezeichnet wird?

b) Welche Gemeinsamkeiten erkennst du zwischen den Hinterbeinen des Pferdes und den Beinen des Menschen? Was ist anders?

c) Wie nennt man die „Fingernägel" des Pferdes?

Lernwerkstatt PFERDE
Wissenswertes über die beliebten Huftiere – Bestell-Nr. 11 343

VIII. Körperbau

Pferde sind Herdentiere mit großen Köpfen und langen Gliedern. Sie sind Fluchttiere, die bei Gefahr schnell wegrennen. Durch ihren besonderen Körperbau sind sie dafür gut gerüstet:
Mit den seitlich am Kopf sitzenden Augen **sehen** Pferde gleichzeitig nach rechts und links. Direkt hinter sich sehen sie nichts.
Pferde **hören** besser als Menschen. Sie sind sehr leicht zu erschrecken.
Sie **riechen** fremde Gerüche von Weitem.
Mit den Haaren rund um Maul und Nüstern **ertasten** und sortieren Pferde Fremdkörper aus dem Futter. Hier sind sie sehr empfindlich.

Aufgabe 1: *Wie schafft es ein Pferd, einen Stein in seinem Futter nicht mitzuessen?*

____

____

____

Aufgabe 2: *Wo sehen Pferde nichts?*

____

____

____

Hättest du gewusst, dass das schwerste Pferd aus der belgischen Rasse der Brabanter stammt und bis zu 1400 kg auf die Waage bringt?

VIII. Körperbau

Aufgabe 3:. *Finde diese Teile am Pferdekopf, den du von vorn siehst. Beschrifte ihn.*

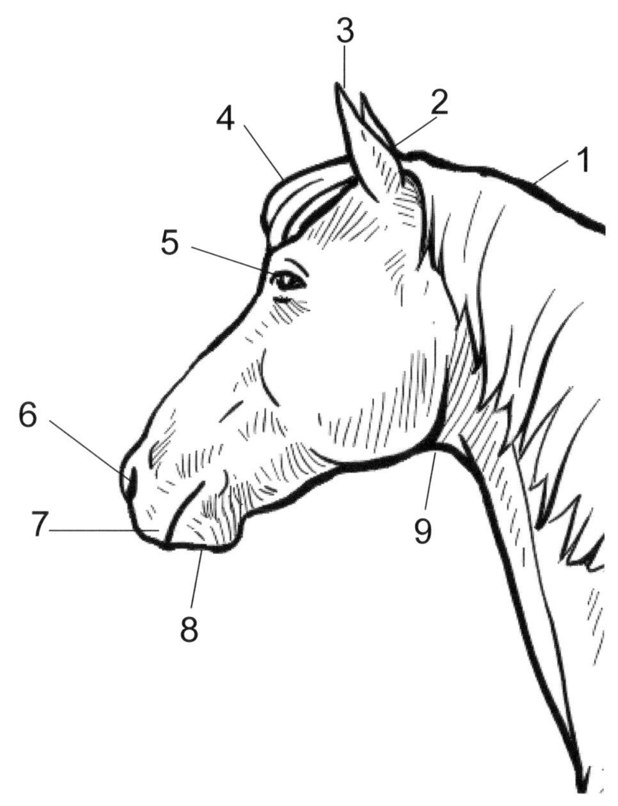

1 Kammrand
2 Genick
3 Ohren
4 Schopf
5 Augen
6 Nüstern
7 Rüssel
8 Unterlippe
9 Kehle

KOHL VERLAG
Lernwerkstatt PFERDE
Wissenswertes über die beliebten Huftiere – Bestell-Nr. 11 343

IX. Farben der Pferde

Pferde haben oft ganz unterschiedliche Fellfarben. Jede Rasse hat ihr ganz eigenes, typisches Aussehen. Je nach Lebensalter kann sich der Farbton des Pferdefells ändern. Ein Schimmel ist beispielsweise bei der Geburt dunkel und wird erst mit den Jahren heller.

Aufgabe 1: *So sehen die bekanntesten Rassen aus: Male die Pferde richtig an.*

Rappe = schwarz

Schimmel = weiß

Fuchs = rötlich-braunes Fell, Mähne und Schweif auch rötlich-braun

Apfelschimmel = Schimmel mit apfelgroßen gräulichen Flecken

Brauner = braun, Mähne und Schweif schwarz

Isabelle = milchkaffeefarbig, Schweif und Mähne heller

Falbe = cremefarbiges Fell, schwarze Mähne und Schweif

Schecke = mehrere Fellfarben, z. B. weiß mit braunen Flecken

Lernwerkstatt PFERDE Wissenswertes über die beliebten Huftiere – Bestell-Nr. 11 343

IX. Farben der Pferde

Aufgabe 2: *Bemale die Bilder richtig und schreibe die Nummern in die Kästchen.*

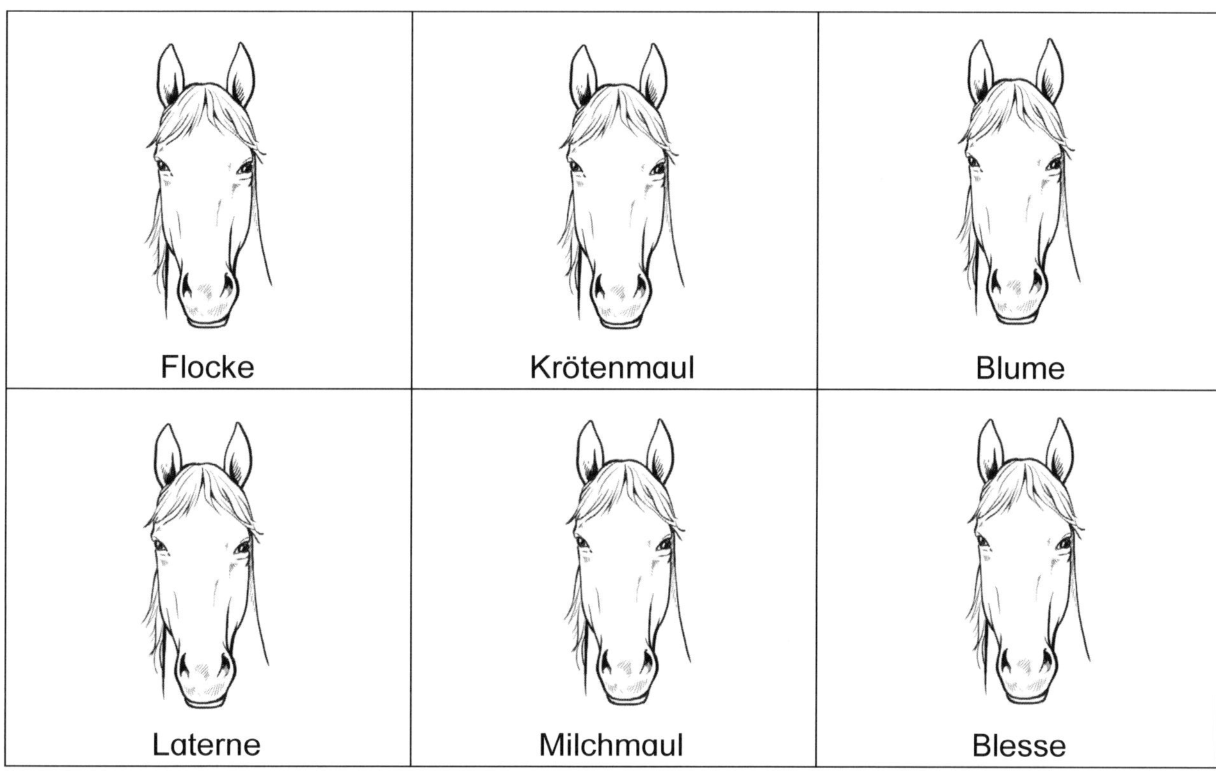

1. Einen ganz kleinen, runden Klecks an der Pferdestirn nennt man Flocke.
2. Wenn ein Abzeichen von der Stirn des Pferdes bis zur Nase reicht, heißt es Blesse.
3. Ein Abzeichen an der Stirn des Pferdes, das blumenförmig gelappt aussieht, bezeichnet man als Blume.
4. Eine Laterne beim Pferd kann man nicht anzünden. So bezeichnet man es, wenn ein großer Teil des Kopfes von der Stirn ab komplett weiß ist.
5. Milchmaul nennt man ein Pferdeabzeichen, das nur am Maul zu finden ist. Es lässt das Pferd so aussehen, als hätte es Milch getrunken.
6. Wenn das Maul eines Pferdes gefleckt ist wie die Haut einer Kröte, so nennt man dies Krötenmaul.
7. Der Stern sieht ähnlich wie die Blume aus, ist aber leicht eckig.

Aufgabe 3: *Male die fehlenden Pferde mit Kennzeichnung auf die Rückseite.*

Lernwerkstatt PFERDE
Wissenswertes über die beliebten Huftiere – Bestell-Nr. 11 343

X. Pferdepflege

Die richtige Pflege der Vierbeiner ist ebenso wichtig wie das Ausreiten selbst. Vor jedem Reitausflug sollte man sein Pferd mit folgenden Gegenständen säubern:

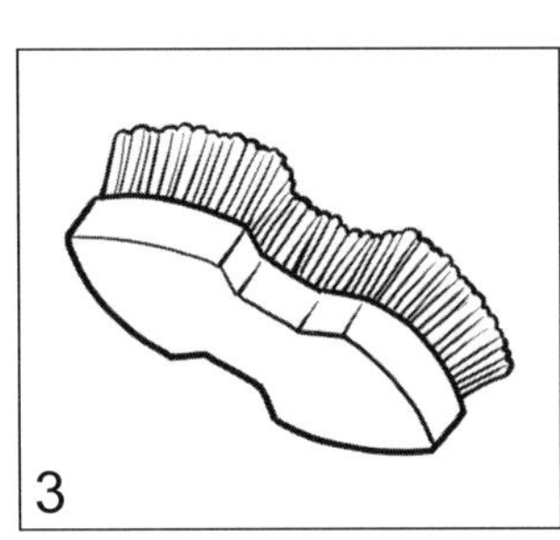

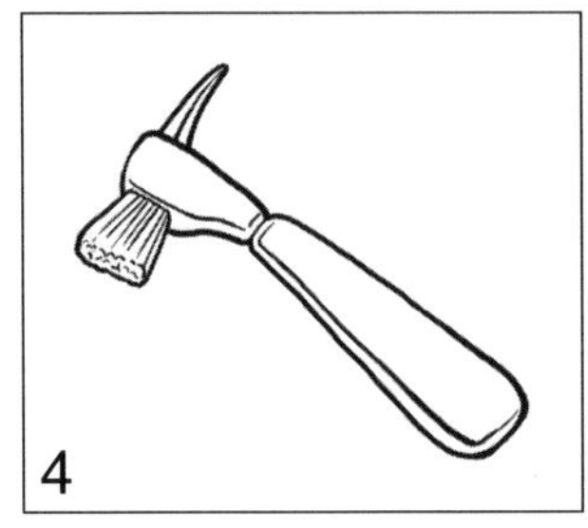

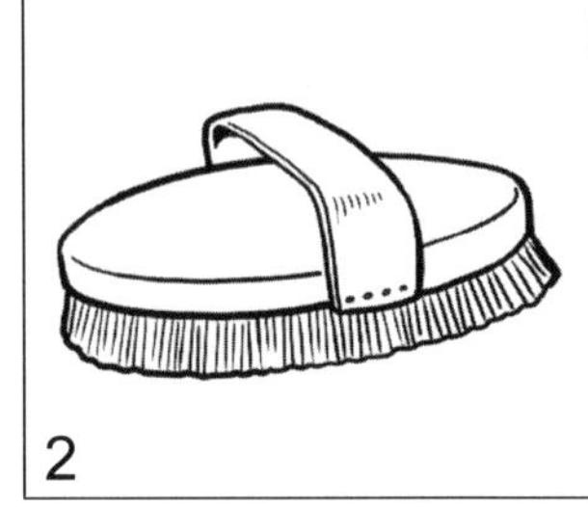

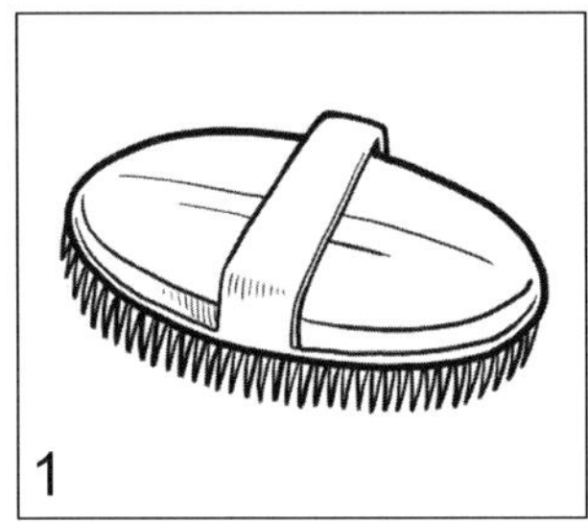

Groben Schmutz entfernt man aus dem Fell des Pferdes mit dem **Striegel** (1). Das Fell wird gegen den Strich gestriegelt und die Muskeln werden massiert. Nach dem Striegeln wird das Fell mit einer **Kardätsche** (2) gereinigt. Der Staub wird aus dem Fell gebürstet und das Fell glatt gestrichen. Der empfindliche Kopf des Pferdes wird mit einem Lappen gesäubert. Die **Wurzelbürste** (3) verwendet man bei hartnäckigem Schmutz. Mit dem **Hufkratzer** (4) reinigt man die Hufe des Pferdes.

Hufreinigung

Pferdehufe halten extrem viel aus – aber nur, wenn sie gesund sind. Regelmäßige Pflege ist sehr wichtig.

Die Reiterin oder der Reiter reinigen die „Fußsohlen“ nach jedem Ausritt mit einem Hufkratzer. Sie nehmen dazu den Fuß des Pferdes hoch. Ausgehend vom weichen Hufstrahl entfernen sie mit dem Hufkratzer allen Schmutz, der sich im Huf befindet. Die restlichen losen Schmutzteilchen entfernen sie anschließend mit der Hufbürste.

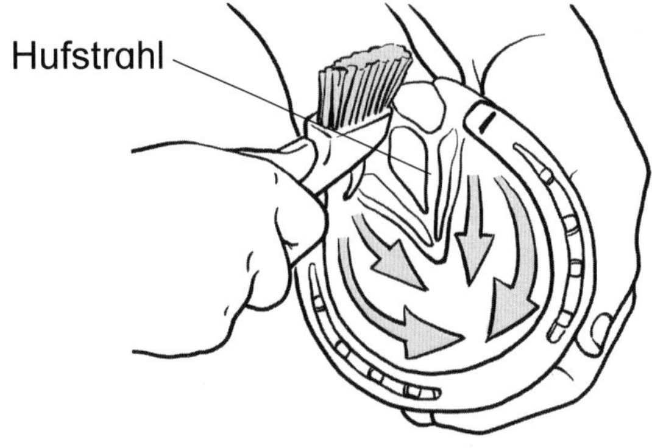

X. Pferdepflege

<u>Aufgabe 1</u>: *Erkläre.*

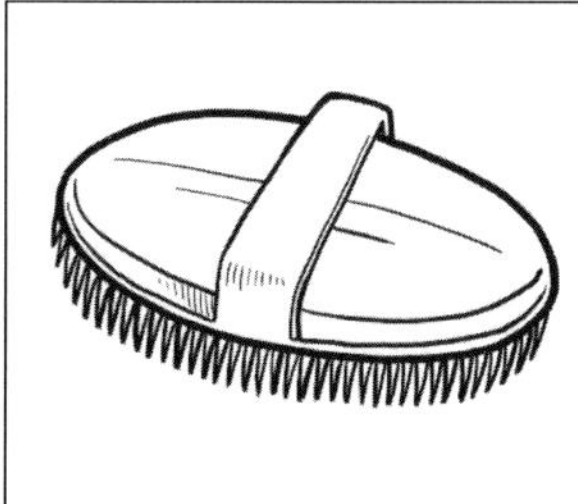

a) Name: ______________________________

b) Gebrauch: ______________________________

____

____

a) Name: ______________________________

b) Gebrauch: ______________________________

____

____

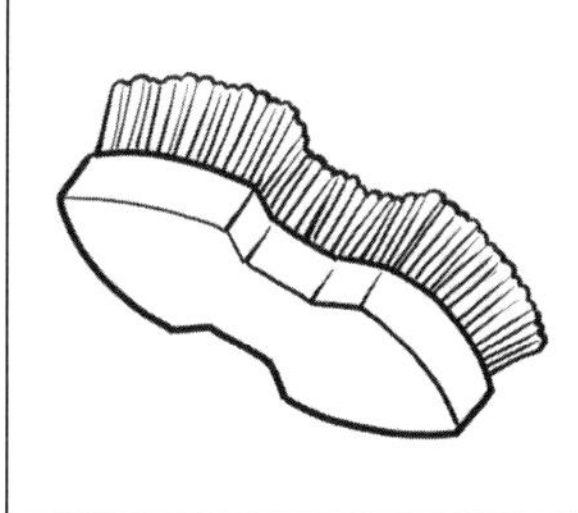

a) Name: ______________________________

b) Gebrauch: ______________________________

____

____

a) Name: ______________________________

b) Gebrauch: ______________________________

____

____

Lernwerkstatt PFERDE
Wissenswertes über die beliebten Huftiere – Bestell-Nr. 11 343

XI. Ernährung

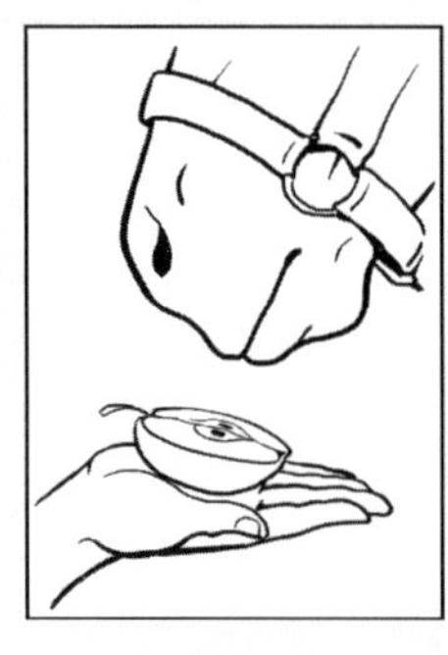

Pferde haben nur einen kleinen Magen, ihr Darm ist dafür sehr lang. Damit ihre Verdauung funktioniert, brauchen sie viel Futter. Sie können jedoch keine großen Mengen auf einmal fressen.
Wie viel Futter ein Pferd braucht, hängt von seiner Größe, seinem Gewicht und vor allem von der Leistung ab, die es erbringen muss. Das wichtigste Futtermittel für Pferde ist **klares Wasser**. In der Regel trinken sie 60 bis 80 Liter pro Tag. Das feste Futter sollte ihnen immer in einem Behälter oder auf der flachen Hand gereicht werden.

Unterschiedliche Futterarten:

Kraftfutter: Hafer, Kraftfutter-Pellets, Mais, Gerste
Raufutter: Heu und Stroh
Saftfutter: Gras, Karotten, Äpfel, Silage, Futter- und Zuckerrüben
Zusatzfutter: Mineralien, Vitamine, Salzleckstein
Belohnung: Äpfel, trockenes Brot, Karotten

Aufgabe 1: *Nenne die 5 Futterarten. Zeichne, was dazu gehört.*

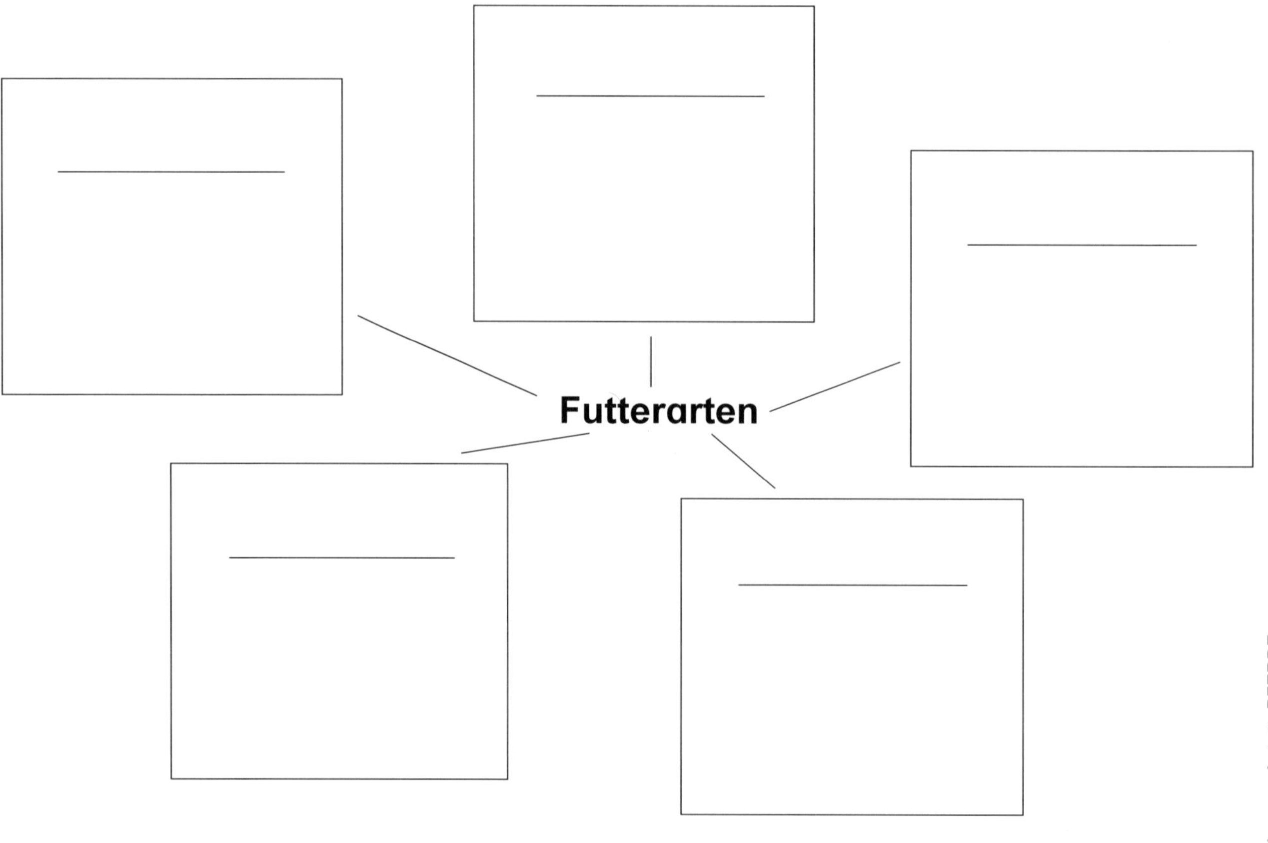

Aufgabe 2: *Ergänze.*

Das wichtigste Futtermittel ist ______________________________ .

Lernwerkstatt PFERDE
Wissenswertes über die beliebten Huftiere – Bestell-Nr. 11 343
KOHL VERLAG

XII. Körpersprache

Auch bei Pferden kann man am Gesichtsausdruck erkennen, wie sie sich fühlen.

Aufgabe 1: *Schneide die Kärtchen aus. Lies die Texte und ordne jedem Text das passende Bild zu.*

1. Wenn ein Pferd die Ohren anlegt und Augen und Nüstern zusammenkneift, solltest du aufpassen. Es beginnt dann meist laut zu wiehern und will dir damit sagen: „Bleib weg! Ich bin **aggressiv**!“	A 
2. Schaut dich ein Pferd mit großen Augen und aufgestellten Ohren an, ist es **interessiert**. Zusätzlich zeigt es dies, indem es seinen Kopf aufmerksam in deine Richtung neigt.	B 
3. Ist ein Pferd **aufgeregt**, so wölbt es den Hals und reißt seine Augen weit auf. Es bläht die Nüstern auf und möchte dir mitteilen: „Das wühlt mich auf! Ich bin erregt!“	C 
4. Lässt ein Pferd den Kopf und die Unterlippe hängen, so zeigt es wie der Mensch: „Mir geht es nicht gut. Ich bin **traurig**“. Seine Augen sehen dann ebenfalls traurig und dunkel aus.	D 

Lernwerkstatt PFERDE
Wissenswertes über die beliebten Huftiere – Bestell-Nr. 11 343
KOHL VERLAG

XIII. Reiten

Die richtige „Kleidung“ für Mensch und Tier ist beim Reiten unerlässlich:

Genau wie beim Fahrrad fahren, müssen die Reiterinnen und Reiter ihren Kopf unbedingt mit einem **Helm** schützen. **Reithosen** und festsitzende **Stiefel** zählen ebenso zu einer Reitausrüstung.

Pferde bekommen einen **Sattel**, um den Reitenden das Sitzen angenehmer zu machen. Die Steigbügel helfen beim Aufsteigen. **Zaumzeug** nennt man das Geschirr, das am Kopf des Pferdes angebracht wird. Die daran angebrachten **Zügel** helfen dem Reiter, das Pferd zu lenken.

Aufgabe 1: **a)** *Wähle 6 verschiedene Farben für die „Kleidung“.*

☐ Helm	☐ Reithosen	☐ Stiefel
☐ Sattel	☐ Zaumzeug	☐ Zügel

b) *Male diese Kleidung auf diesem Bild in diesen Farben an.*

Lernwerkstatt PFERDE Wissenswertes über die beliebten Huftiere – Bestell-Nr. 11 343

XIII. Reiten

Aufgabe 2: *Benenne die wichtigsten „Kleidungsstücke“ von Mensch und Pferd beim Reiten.*

Aufgabe 3: *Wozu dienen die beiden Dinge?*

a) Zügel ______________________________

____

b) Steigbügel ______________________________

____

Lernwerkstatt PFERDE
Wissenswertes über die beliebten Huftiere – Bestell-Nr. 11 343

XIV. Gangarten der Pferde

Der **Schritt** ist die langsamste Gangart des Pferdes. Vier voneinander getrennte Hufschläge sind hörbar. Im normalen Schritt befinden sich immer zwei oder drei Hufe auf dem Boden. Die Geschwindigkeit im Vierertakt liegt bei 5 bis 7,5 km/h.

Der **Trab** ist eine schnellere, man sagt auch beschleunigte Gangart. Ein diagonales Beinpaar befindet sich auf dem Boden, während das andere erhoben in Bewegung ist. Beim normalen Trab setzen die diagonalen Beinpaare so kurz nacheinander auf dem Boden auf, dass praktisch nur ein einziger Schlag pro Beinpaar zu hören ist. Die Geschwindigkeit im Zweitakt beträgt etwa 15 km/h.

Der **Galopp** ist die schnellste und einzige Gangart, bei der das Pferd den Boden verlässt (Schwebemoment). Während des Schwebemoments entsteht eine Pause in der Bewegung. Es sind drei Hufschläge zu hören. Die Geschwindigkeit im Dreiertakt ist 20 bis 60 km/h.

Diese 3 Gangarten sind die Grundgangarten und werden von allen Pferden beherrscht.

Viele wilde Pferderassen kennen aber noch weitere Gangarten, z. B. der **Pass** (Gangart mit Flugphase, die nur im Renntempo über kurze Strecken) geritten wird. Oder den **Tölt** (Viertakt ohne Schwebephase. Gelaufene Gangart, bei der das Pferd abwechselnd einen Huf oder zwei Hufe auf dem Boden hat).

Lernwerkstatt PFERDE
Wissenswertes über die beliebten Huftiere – Bestell-Nr. 11 343

XIV. Gangarten der Pferde

Aufgabe 1: *Fülle die Lücken im Text mit dem passenden Wort.*

Der Schritt ist die ________________ Gangart des Pferdes. Vier voneinander getrennte Hufschläge sind hörbar. Die Geschwindigkeit dieser Gangart liegt bei __________________________.
Der Trab ist eine ________________, beschleunigte Gangart. Es sind nur zwei Hufschläge zu hören. Denn immer nur die diagonal gegenüberliegenden Hufe berühren gleichzeitig den Boden. Die Geschwindigkeit dieser Gangart beträgt etwa __________________________.
Der Galopp ist die ______________ und einzige Gangart, bei der das Pferd mit beiden Beinen den Boden verlässt. Diese Phase, in der kein Huf den Boden berührt, nennt man Schwebemoment. Die Geschwindigkeit dieser Gangart ist __________________________.

langsamste	**5 bis 7,5 km pro Stunde**	**schnellste**
15 km pro Stunde	**schnellere**	**bis zu 60 km pro Stunde**

Aufgabe 2: *Schreibe unter jedes Pferd die passende Gangart.*

______________ ______________ ______________

XV. Pferdesport und Freizeit

Erst seit dem letzten Jahrhundert sind Pferde und Ponys zu beliebten Partnern in der Freizeit und beim Sport geworden.
Heute gibt es viele Pferdesportarten: Voltegieren, Reiten durch Feld und Wald (Military-Reiten), Springreiten, Pferderennen mit Jockeys, Trabrennen und Dressurreiten. Immer vertrauen die Menschen auf die Kraft und die Treue ihrer vierbeinigen Freunde.

Aufgabe 1: *Verbinde Beschreibung und Bild richtig.*

1. **Polo** wurde schon vor mehr als 2000 Jahren in Persien (heute Iran) gespielt. Beim Polo versuchen zwei Mannschaften, einen Holzball mit Hilfe von langen Schlägern ins Tor des Gegners zu schießen. Die Menschen sitzen dabei auf dem Ross. ○

2. Beim **Springreiten** werden Hindernisse (z. B. Holzgestelle, Wassergräben) aufgebaut. Das Pferd muss versuchen, diese möglichst schnell zu überwinden ohne sie zu berühren. Pferd und Reiter müssen einander bei dieser Sportart besonders vertraut sein. ○

3. Die wohl eleganteste Pferdesportart ist das **Dressurreiten**. Pferd und Reiter führen dabei unterschiedliche Übungen vor. Bewertet wird von den Kampfrichtern Körperhaltung und Ausdruck des Teams. ○

4. Das Pferd zieht beim **Trabrennen** einen leichten, zweirädrigen Wagen. Der Fahrer sitzt mit gestreckten Beinen dicht hinter dem Pferd auf seinem Sulky (Wagen) und lenkt es. Wenn das Pferd galoppiert, wird es disqualifiziert. ○

5. **Rodeo** ist ein rauer Sport. Der Reiter muss versuchen, möglichst lang auf dem Rücken eines buckelnden Pferdes sitzen bleiben. Diese Sportart betreibt man ohne Sattel. ○

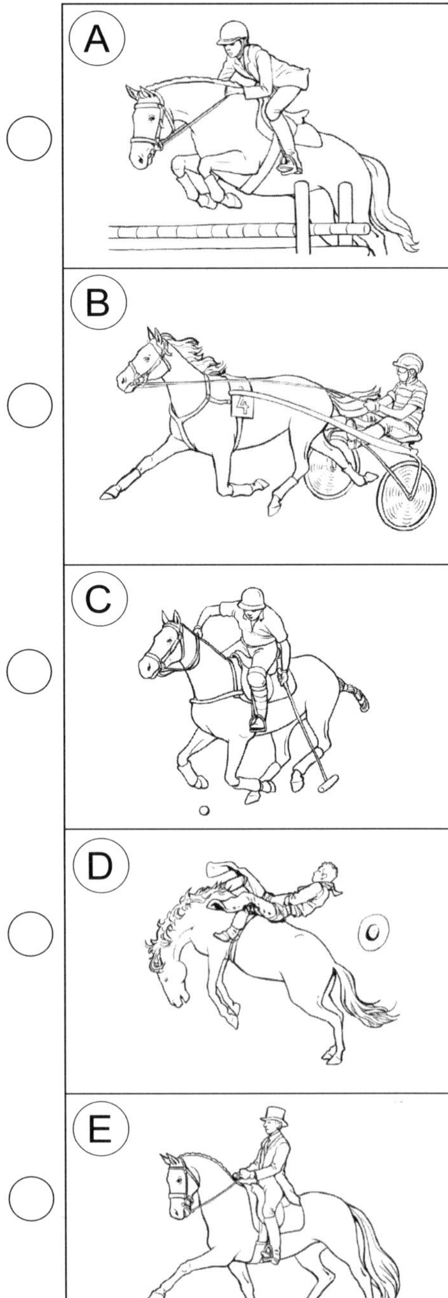

KOHL VERLAG
Lernwerkstatt PFERDE
Wissenswertes über die beliebten Huftiere – Bestell-Nr. 11 343

XVI. Pferdequiz

Aufgabe 1: *Kreuze an. Es sind mehrere Lösungen möglich.*

Um ein Pferd zu putzen, braucht man		
	eine Bürste	
	ein Hufeisen	
	einen Striegel	

Sehr große, massige Pferde heißen		
	Kaltblüter	
	Ponys	
	Araber	

Die langsamste Gangart nennt man		
	Galopp	
	Schritt	
	Trab	

Das Junge eines Pferdes nennt man		
	Pony	
	Stute	
	Fohlen	

Die Tragezeit eines Pferdes beträgt		
	fast ein Jahr	
	einen Monat	
	fast eine Woche	

Pferde sind		
	Fluchttiere	
	Raubtiere	
	Einzelgänger	

Zu den Verwandten der Pferde zählen		
	Maultiere	
	Zebras	
	Löwen	

XVI. Pferdequiz

Aufgabe 2: *Richtig oder falsch?*

	richtig	falsch
Das Eohippus ist das älteste Pferd.		
Das Merychippus lebte vor 12 Millionen Jahren.		
Das Hufeisen wird glühend heiß angepaßt.		
Das Pferd ist ein Unpaarhufer.		
Pferde hören schlechter als Menschen.		
Sie können schlecht riechen.		
Pferde trinken täglich etwa 30 bis 50 Liter Wasser.		

Aufgabe 3: *Trage die Lösungswörter in das Kreuzworträtsel ein. Die Buchstaben in den grauen Kästchen ergeben ein Lösungswort.*

1. „Schuh" des Pferdes, Glücksbringer
2. Das Junge eines Pferdes
3. Sitzvorrichtung auf dem Rücken des Pferdes
4. Kleiner, runder Klecks auf der Pferdestirn
5. Name des abgebildeten Putzwerkzeugs
6. Kopfbedeckung für Reitende
7. Schuhwerk zum Reiten
8. Schwarzes Pferd

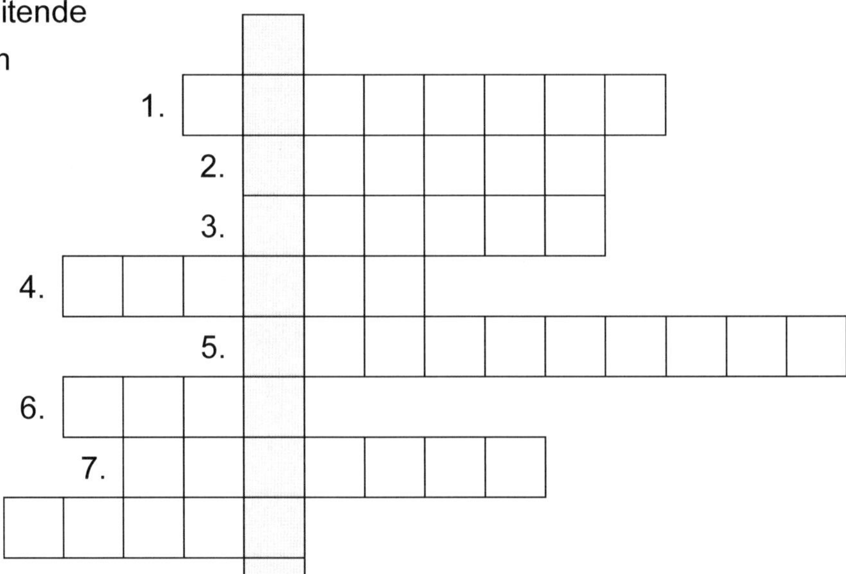

Lösungswort: ________________

Lernwerkstatt PFERDE
Wissenswertes über die beliebten Huftiere – Bestell-Nr. 11 343

XVII. Gedichte, Geschichten, Redensarten, Texte

Die kleinen Pferde heißen Fohlen

Gedicht

Die kleinen Pferde heißen Fohlen.
Sie haben Streichholzbeine und
sie stehen mit den Fohlensohlen
ein wenig wacklig auf dem Grund.

Sehr hochgebaut und knickebeinig,
schwanken sie bang durchs grüne Gras.
Sie sind sich selber noch nicht einig,
ob gehen Angst macht oder Spaß.

Doch manches Mal – das ist sehr reizend –
kannst du auf einer Wiese sehn,
wie sie, die Vorderbeine spreizend,
den Fohlenhals nach oben drehn.

Dann trinken sie die Milch der Stute,
und bei dem Trinken stehen sie
zum ersten Mal – das ist das Gute –
so fest wie nie!

James Krüss

Hättest du gewusst, dass mit einer Schulterhöhe von 51 bis 76 cm das Falabella aus Argentinien das kleinste Pony der Welt ist?

Lernwerkstatt PFERDE
Wissenswertes über die beliebten Huftiere – Bestell-Nr. 11 343

XVII. Gedichte, Geschichten, Redensarten, Texte

Araber – eine Legende

Die Legende erzählt, dass die Araber-Pferde von Allah als Geschenk an die Menschen aus einer Hand voll Südwind gemacht worden sind.

Lies selbst, wie die Legende weiter geht.

Mohammed war ein wichtiger Glaubensmann der Moslems. Er saß schon seit zwei Tagen in der Nähe eines Flusses. Dort hatte er hundert Stuten eingezäunt. Wasser gab er ihnen nicht. Mohammed tat das nicht etwa, weil er die Tiere quälen wollte. Er versuchte so herausfinden, welche der Pferdefrauen besonders gut für die Züchtung der Rasse der Araber in Frage kam.
Der Mann wartete geduldig bis der dritte Tag vorüber war. Dann öffnete er die Einzäunung. Sofort stürmten die durstigen Stuten zum nahe gelegenen Fluss, um zu trinken.
Als die Pferde das Wasser fast erreicht hatten, blies Mohammed in die Fanfare. Dieses Zeichen kannten die Tiere: Es bedeutete, dass ihr Herr sie brauchte, um in den Kampf zu reiten. Wieder wartete der Mann ab, was passierte.
Nur fünf Stuten schienen das Zeichen gehört zu haben und kamen zurück zu ihm – ohne ihren Durst gestillt zu haben. Diese fünf treuen Stuten wählte Mohammed aus und machte sie zu den Müttern der Pferderasse, die wir als „Araber“ kennen.

Aufgabe 1: *Beantworte eine der folgenden Fragen auf der Rückseite. Du kannst auch Internet und Lexika benutzen.*

1. Was wollte Mohammed mit diesem Test erreichen?
2. Welche Informationen findest du über Araber-Pferde?
3. Was weißt du über Allah?
4. Wer war Mohammed?

Lernwerkstatt PFERDE
Wissenswertes über die beliebten Huftiere – Bestell-Nr. 11 343

Wie bringt man ein Pferd zum Laufen?

Aufgabe 2: *Schreibe eine Geschichte zu diesen Bildern in dein Heft.*

KOHL VERLAG Lernwerkstatt PFERDE Wissenswertes über die beliebten Huftiere – Bestell-Nr. 11 343

Benni mit dem Dickschädel

Das Pferd Benni lebte mit seiner Familie auf dem Gestüt eines berühmten Springreiters. Seine Eltern waren edle Turnierpferde, die schon viele Preise gewonnen hatten. Das prächtige Aussehen hatte Benni von seiner Mutter geerbt. Woher sein Dickkopf kam, wusste niemand genau. Er tat immer genau das Gegenteil von dem, was man von ihm wollte.

Eines Tages hatte sein Besitzer große Pläne mit ihm: Der sportliche Benni sollte ein Springpferd werden. Aber der Dickköpfige dachte nicht im Traum daran zu gehorchen. Kaum sagte sein Besitzer „Benni lauf!“, blieb er stehen. Befahl der Reiter „Hoch! Spring!“, legte sich das Tier auf den Boden. „Es ist zum Verzweifeln. Aus diesem Dickschädel wird nie ein Turnierpferd!“, klagte der Springreiter. „Was sollen wir nur mit diesem Tier machen? Es ist ja komplett aus seiner Art geschlagen!“, schrie er.

„Darf ich einmal versuchen, Benni zu trainieren?“, fragte Laura, die Tochter des Springreiters. „Du willst diesen Dickkopf dazu bringen, dass er über Hindernisse springt und dabei noch schnell ist? Dass ich nicht lache!“, entgegnete der Vater. Aber Laura hatte eine Idee ...

Hättest du gewusst, dass bei einem Turnier in Chile das Vollblutpferd Huaso im Jahr 1949 die Höhe von 2,47 m übersprang, und mit diesem Rekord in die Geschichte einging?

Lernwerkstatt PFERDE
Wissenswertes über die beliebten Huftiere – Bestell-Nr. 11 343

XVII. Gedichte, Geschichten, Redensarten, Texte

Benni mit dem Dickschädel

<u>Aufgabe 3</u>: *Beantworte folgende Fragen zum Text in vollständigen Sätzen.*

1. Welchen Beruf hat Bennis Besitzer? Wo lebte er?

____

2. Finde drei Adjektive, die Benni beschreiben.

____

3. Erkläre den Satz „Er ist komplett aus seiner Art geschlagen“.

____

____

4. Benni tut immer genau das Gegenteil von dem, was man ihm sagt. Was würde er bei folgenden Befehlen tun?

- „Bleib stehen!“:

____

- „Geh drei Schritte nach vorn!“:

____

- „Links herum!“:

____

5. Welche Idee hat Laura wohl? Beschreibe dein Ende der Geschichte auf der Rückseite dieses Blattes.

XVII. Gedichte, Geschichten, Redensarten, Texte

Redensarten rund ums Pferd

Aufgabe 4: *Lies die Texte und ordne jedem Text das pssene Bild zu. Trage die richtigen Buchstaben in das Zahlenfeld ein.*

1. auf dem hohen Ross sitzen ___	**a)** eine falsche Entscheidung treffen
2. mit jemandem gehen die Pferde durch ___	**b)** von einer Situation völlig überrascht sein
3. das Pferd am Schwanz aufzäumen ___	**c)** mit einer anderen Person durch dick und dünn gehen können
4. mit jemandem Pferde stehlen können ___	**d)** die Nerven verlieren
5. auf das falsche Pferd setzen ___	**e)** überheblich sein, auf andere herabschauen
6. „Ich denk, mich tritt ein Pferd" ___	**f)** eine Sache verkehrt angehen

XVIII. Basteln, suchen, zeichnen

Pferd basteln

Du brauchst: 2 Blatt Tonzeichenpapier (DIN A4), Bast oder Tonpapier in einer anderen Farbe, schwarzer Farbstift

So gehst du vor:

1. 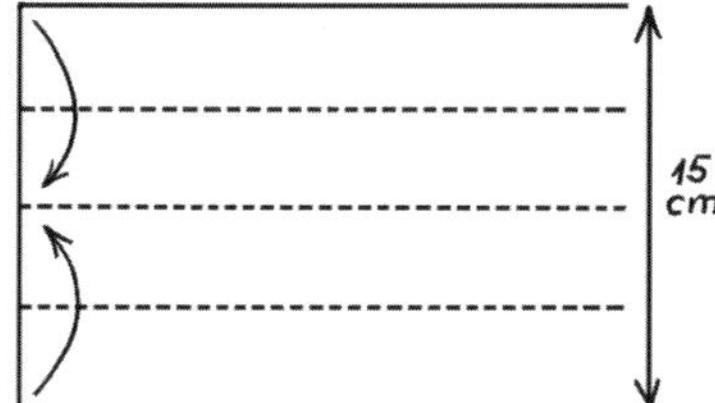

Lege dein Blatt im Querformat vor dich auf den Tisch. Falte es der Länge nach in der Mitte. Falte jede Seite erneut zur Mittellinie.

2. 

Wenn du von der Seite auf dein Blatt schaust, siehst du ein „V". Wiederhole diesen Vorgang mit dem anderen Papier.

3. 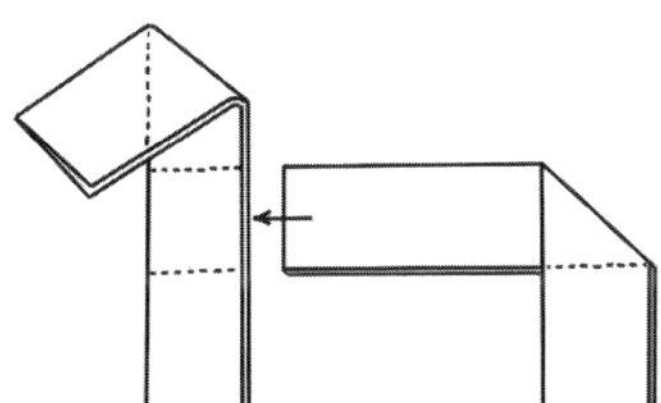

Klappe nun bei einen Papier das obere Drittel schräg als Kopf nach unten. Das andere Blatt knickst du ungefähr bei der Hälfte schräg.

4. 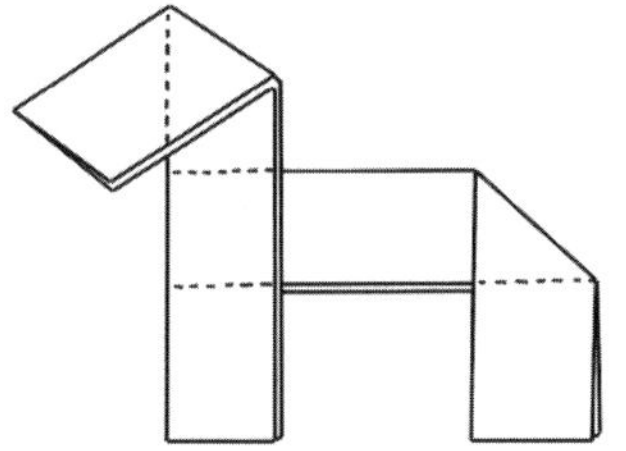

Klebe nun beide Blätter so zusammen, dass ein Pferd entsteht.

5. 

Verziere zum Schluss dein Pferd. Der Bast oder das farbige Tonpapier sollen die Mähne und den Schweif des Pferdes darstellen. Deute das Auge des Pferdes mit einem schwarzen Stift an.

Lernwerkstatt PFERDE
Wissenswertes über die beliebten Huftiere – Bestell-Nr. 11 343

XVIII. Basteln, suchen, zeichnen

Suchbild 1

Aufgabe 1: *Lies genau und trage die Nummern der benannten Dinge im Bild ein.*

1 Der **Sattel** dient dem Reiter als Sitz auf dem Pferderücken.

2 Der **Rechen** lehnt am Zaun.

3 Ein **Hufeisen** trägt das Pferd als „Schuh“ an den Füßen.

4 Das junge Pferd nennt man **Fohlen**. Es erkennt seine Mutter am Geruch.

5 Beim Dressurreiten macht der Reiter sein Pferd besonders fein zurecht. Seine **Mähne** wird zu Zöpfchen geflochten.

6 Das Pferd schlägt mit dem **Schweif** um sich. Es vertreibt damit Mücken und andere lästige Insekten.

7 Mit der **Bürste** bringt man das Fell des Pferdes zum Glänzen.

8 Beim Reiten mit einer Kutsche sind die **Zügel** besonders lang. Der Kutscher benötigt sie zum Lenken.

9 Am Sattel befinden sich die **Steigbügel**. Die Reiterin benötigt sie zum Aufsteigen. Steigbügel geben ihr Halt.

Lernwerkstatt PFERDE
Wissenswertes über die beliebten Huftiere – Bestell-Nr. 11 343

Suchbild 2

Aufgabe 2: *Ergänze die 9 fehlenden Dinge im unteren Bild mit Hilfe der Vorlage oben.*

Lernwerkstatt PFERDE
Wissenswertes über die beliebten Huftiere – Bestell-Nr. 11 343
KOHL VERLAG

Pferde zeichnen 1

Hier siehst du, wie einfach du Schritt für Schritt den Kopf eines Pferdes zeichnen kannst. Versuche es auf der Rückseite selbst. Der **Kugel-Trick** hilft dir dabei.

1. Pferdekopf von vorn:

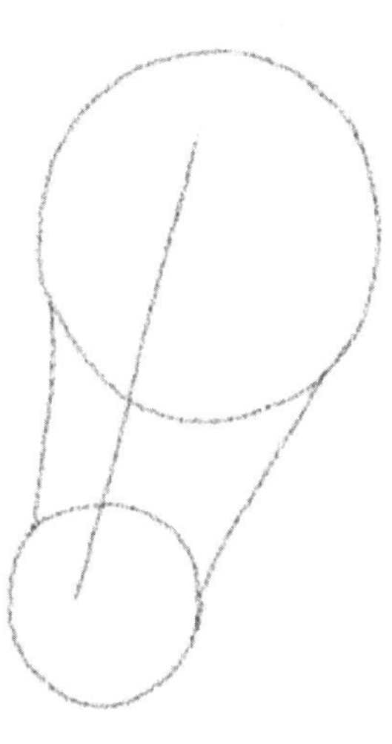

2. Pferdekopf von der Seite:

Lernwerkstatt PFERDE
Wissenswertes über die beliebten Huftiere – Bestell-Nr. 11 343
KOHL VERLAG

Pferde zeichnen 2

Wähle eine Pferdedarstellung aus und versuche, sie auf ein Blatt nachzuzeichnen. Beachte dabei **Bohnen-Trick** und den **Kugel-Trick.**

Pferd schaut nach hinten:

Pferd frisst:

Pferd senkt den Kopf:

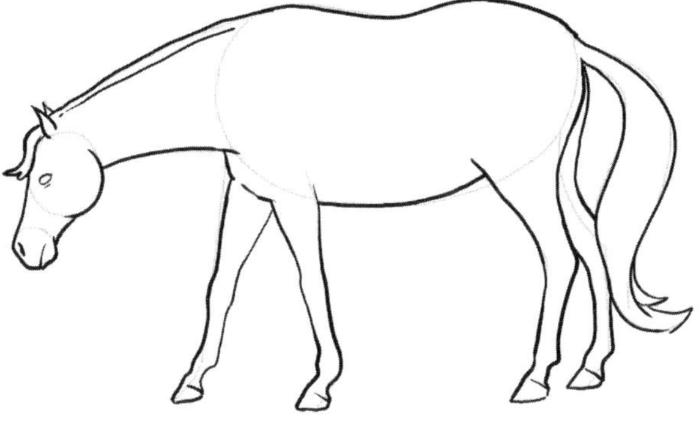

Lernwerkstatt PFERDE
Wissenswertes über die beliebten Huftiere – Bestell-Nr. 11 343
KOHL VERLAG

XIX. Das ist ja zum Wiehern

Pferdewitze

„Stell dir vor, unser Lehrer hat keine Ahnung wie ein Pferd aussieht."

„Du spinnst, das gibt's doch nicht."

„Doch, ich habe ein Pferd gezeichnet und da hat er mich gefragt, was das sein soll."

Eine Maus und ein Pferd gehen zusammen über eine Holzbrücke. Da sagt das Pferd: „Wir machen einen ziemlichen Krach, was?" „Ja, ich weiß", entschuldigt sich die Maus, „ich habe heute meine schweren Stiefel an!"

Die Lehrerin tadelt: „Xenia, du hast in deinem Aufsatz Unser Pferd genau das Gleiche geschrieben wie deine Schwester." „Aber sicher doch", antwortete Xenia, „es ist ja auch das gleiche Pferd."

Ein Pferd sitzt in der Milchbar. Da kommt eine Kuh zur Tür herein. Beschwert sich das Pferd: „ He, seit wann kommen die Lieferanten durch den Haupteingang?"

Was ist ein Sattelschlepper? Das ist ein Cowboy, der sein Pferd verloren hat!

Lernwerkstatt PFERDE
Wissenswertes über die beliebten Huftiere – Bestell-Nr. 11 343

XX. Lösungen

I. Urpferde

Aufgabe 1: 1B, 2A, 3C, 4D

II. Pferdearbeit

Aufgabe 1: Schiffe, Kutschen, Wagen, Arbeitsgeräte

Aufgabe 2: Pflügen, Säen, Ernten

Aufgabe 3: Wendiger, weniger schädlich für den Waldboden

Aufgabe 4: Maschinen

III. Hufeisen

Aufgabe 2: Hufeisen, Nägel, Hammer, weichen Böden

IV. Rassen

Aufgabe 1:

Kaltblut:	schwer, kräftig, Zugpferd, arbeitswillig, verlässlich, bis 1 t schwer
Warmblut:	Reitpferd, Sport, Freizeit, leichter als Kaltblüter, am meisten verbreitet
Vollblut:	temperamentvoll, schnell, ausdauernd, Wüstenpferde, edle Pferde
Ponys:	Kleinpferd, Wuschelmähne, großer Kopf, runder Bauch, Beine kurz und kräftig

V. Unpaarhufer – Paarhufer

Aufgabe 1: ... nicht geteilt. Beispiele: Esel, Maultier, Zebra, Pferd, Nashorn, ...
... geteilt. Beispiele: Schwein, Hirsch, Kamel, Giraffe, ...

VI. Ein Fohlen entsteht

Aufgabe 1: ... 5 bis 7,5 cm groß ...; ... 6 Monate alt ...; ... an der Oberlippe und der Unterlippe ...; ... dreht ... und streckt die Vorderbeine; ... 8 Monate ...; ... Tragezeit ... fast ein Jahr; ... eine halbe Stunde ... wegrennen; ... ein halbes Jahr.

VII. Skelettvergleich Pferd – Mensch

Aufgabe 2:
a) Steißbein
b) Gemeinsamkeiten: Becken, Knie, Ferse
c) Hufe

VIII. Körperbau

Aufgabe 1: Sie ertasten mit ihren Haaren um Maul und Nüstern Fremdkörper im Futter und sortieren sie aus.

Aufgabe 2: Pferde sehen hinten nichts, dafür aber rechts und links sowie vorne.

Aufgabe 3: 2 Genick, 3 Ohren, 4 Schopf, 5 Augen, 6 Nüstern, 7 Rüssel, 8 Unterlippe

Lernwerkstatt PFERDE
Wissenswertes über die beliebten Huftiere – Bestell-Nr. 11 343
KOHL VERLAG

XX. Lösungen

X. Pferdepflege

Aufgabe 1: a) Striegel b) groben Schmutz aus dem Fell entfernen, gegen den Strich bürsten, Muskeln massieren

Aufgabe 2: a) Kardätsche b) Staub aus dem Fell bürsten, Fell glatt streichen

Aufgabe 3: a) Wurzelbürste b) hartnäckigen Schmutz entfernen

Aufgabe 4: a) Hufkratzer b) Hufe des Pferdes reinigen

XI. Ernährung

Aufgabe 1: Kraftfutter, Raufutter, Saftfutter, Zusatzfutter, Belohnung

Aufgabe 2: Klares Wasser

XII. Körpersprache

Aufgabe 1: 1B, 2A, 3D, 4C

XIII. Reiten

Aufgabe 2: Sattel, Zaumzeug, Zügel, Helm, Reithosen, Stiefel

Aufgabe 3: a) Zügel: helfen, das Pferd zu lenken
b) Steigbügel: helfen beim Aufsteigen

XIV. Gangarten der Pferde

Aufgabe 1: ... langsamste Gangart ...; ... 5 bis 7,5 km pro Stunde; ... schnellere ...;
... 15 km pro Stunde; ... schnellste ...; ... bis zu 60 km pro Stunde

Aufgabe 2: Trab, Schritt, Galopp

XV. Pferdesport und Freizeit

Aufgabe 1: 1C, 2A, 3E, 4B, 5D

XVI. Pferdequiz

Aufgabe 1: Bürste/Striegel; Kaltblüter; Schritt; Fohlen; fast ein Jahr; Fluchttiere; Maultiere/Zebras

Aufgabe 2: richtig, richtig, richtig, richtig, falsch, falsch, falsch

Aufgabe 3: 1. Hufeisen, 2. Fohlen, 3. Sattel, 4. Flocke, 5. Hufkratzer, 6. Helm, 7. Stiefel, 8. Rappe
Lösungswort: Hufschmied

XX. Lösungen

XVII. Gedichte, Geschichten, Redensarten, Texte

Aufgabe 3:

1. Springreiter, Gestüt
2. prächtig, sportlich, dickköpfig
3. Er ist völlig anders als seine edlen Eltern

Aufgabe 4: 1e, 2d, 3f, 4c, 5a, 6b

XVIII. Basteln, suchen, zeichnen

Aufgabe 2:

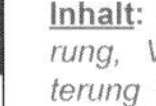

Gabriela Rosenwald

Vögel Von Amsel bis Zaunkönig

Der Band nimmt die vielseitige Welt der Vögel unter die Lupe. Eine informative Lernwerkstatt mit interessanten Infotexten und zahlreichen Arbeitsblättern.

Inhalt: *Allgemeine Vogelkunde (Lebensraum, Nahrung, Vogelzug, Stand- und Zugvögel, Vogelfütterung im Winter, Körner- und Weichfutterfresser, vom Ei zum Vogel, Hühnerei, Organe des Vogelweibchens, Befruchtung, Nestbau); Heimische Vogelarten (Amsel, Rotkehlchen, Nachtigall ...); Vogel-ABC; Übersicht Vogelfamilien, Kleines Vogellexikon; Basteln und Malen*

2 3 4

64 Seiten

			PDF-Schullizenz
Buch	11 123	17,80 €	
PDF	P11 123	14,49 €	58,- €

Ulrike Stolz & Lynn-Sven Kohl

Tiere im Winter

Winterschläfer, Winterruher und winteraktive Tiere

Der Band beschäftigt sich mit Winterschläfern, Winterruhern und winteraktiven Tieren.

Inhalt: *Winterschläfer (Igel); Winterruher (Eichhörnchen); Winteraktives Tier (Fuchs, Reh); Winterstarre (Eidechse, Frosch); Zugvögel (Schwalbe, Storch); Standvögel (Amsel, Kohlmeise); Vogelfütterung im Winter; Tierspuren im Schnee; Weitere Tiere im Winter; Der Feldhase im Winter*

3 4

36 Seiten

			PDF-Schullizenz
Buch	10 653	13,80 €	
PDF	P10 653	10,99 €	44,- €

Wolfgang Wertenbroch

Der Igel

Der stachelige Insektenfresser unter der Lupe

Inhalt: *Was ist ein Igel?; Das Stachelkleid unseres Igels; Wo ist der Igel zu Hause?; Wir Igel über uns; Unser Speiseplan; Unsere Fressfeinde, Igelkinder; Märchenhaftes; Der Igel im Winter; Igel-Basteleien; Zur eigenen Kontrolle; Erstaunliches über den Igel u.v.m.*

2 3 4

44 Seiten

			PDF-Schullizenz
Buch	10 814	14,80 €	
PDF	P10 814	11,99 €	48,- €

Claudia Eisenberg

Winterschläfer, -ruher & -aktive

Igel, Eichhörnchen, Wildkaninchen & Co.

Inhalt: *Winterschläfer: Der Igel (Lebensraum, Aussehen, Sinne und Kommunikation, Winterschlaf, Nahrung, Nachwuchs, Freunde und Feinde ...) Winterruher: Das Eichhörnchen (Lebensraum, Verhalten, Aussehen, Nahrung ...); Das winteraktive Wildkaninchen u.v.m.*

3 4

112 Seiten

			PDF-Schullizenz
Buch	11 298	23,80 €	
PDF	P11 298	18,99 €	76,- €

Gabriela Rosenwald

Die Welt der Dinosaurier

Inhalt: *Übersicht der verschiedenen Arten; Namen und Begriffe lesen; Wie die Dinosaurier zu ihrem Namen kamen; Die Erdzeitalter; Die Entdeckung der Dinosaurier; Verschiedene Dinosaurierarten; Brut und Aufzucht des Nachwuchses; Saurischia; Ornithischia; Flug- und Fischsaurier; Das Ende der Dinos; Dinosaurier-Ideenkiste u.v.m.*

2 3 4

80 Seiten

			PDF-Schullizenz
Buch	11 134	18,80 €	
PDF	P11 134	14,99 €	60,- €

Rund um den Menschen

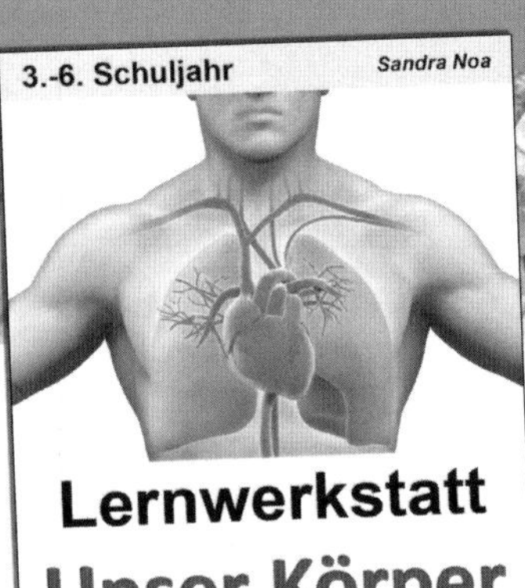

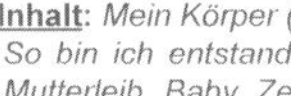

Sandra Noa

Unser Körper

Inhalt: *Mein Körper (Körperteile, Skelett, Zähne ...); So bin ich entstanden (Fortpflanzung, Embryo im Mutterleib, Baby, Zellen, Haare ...); So funktioniert mein Körper (Gehirn, Herz und Blutkreislauf, Lunge und Atmung, Muskeln, Verdauung); Sinne (Sehen, Brille, Hören, Schmecken, Riechen, Fühlen ...); Gesundheit (Immunsystem, Blutkörperchen, Bewegung, Erste Hilfe) u.v.m.*

3 4

52 S.

			PDF-Schullizenz
Buch	10 729	15,80 €	
PDF	P10 729	12,49 €	50,- €

Gabriela Rosenwald

Viele Kulturen – eine Welt

Inhalt: *Kultur – was ist das eigentlich?; Entstehung der Menschheit; Kulturen in Asien/in Amerika; Afrika – der ursprünglichste Mensch; Juden – Israel; Hochkulturen rund ums Mittelmeer; Osmanen und Germanen; Weltreligionen; Sprachen; Bräuche, Feste, Speisen u.v.m.*

2 3 4

60 Seiten

			PDF-Schullizenz
Buch	11 631	16,80 €	
PDF	P11 631	13,49 €	54,- €

Christiane Vatter-Wittl

Miteinander leben in der Klasse, Schule & Familie

Das Lebensumfeld ist von Kind zu Kind unterschiedlich. Auf vielfältige Art wird zum gelingenden Umgang in diversen Strukturen beigetragen. Von der eigenen Wertschätzung ausgehend zum achtsamen und höflichen Umgang mit unseren Mitmenschen wird Bewusstsein für eine positive Gemeinschaft geschaffen.

2 3 4

48 Seiten

			PDF-Schullizenz
Buch	12 071	15,80 €	
PDF	P12 071	12,49 €	50,- €

Gabriela Rosenwald

Unsere Zähne Richtige Zahnpflege ist lebenswichtig!

Inhalt: *Das Milchgebiss; Der Aufbau der Zähne; Richtig Zähne putzen; Zahnpasta, Ka und Ries greifen an; Was mögen Zähne?; Gesunde Lebensmittel; Gesunde Zähne; Zahnpflege; Beim Zahnarzt; Zähne versiegeln; Wackelzähne u.v.m.*

1 2 3 4

48 Seiten

			PDF-Schullizenz
Buch	11 239	14,80 €	
PDF	P11 239	11,99 €	48,- €

Gary M. Forester

Von der Empfängnis zur Geburt

Kurze Infotexte und passende Bilder zu den Entwicklungsstadien sind mit dem umfangreichen Legematerial zu einer spannenden Reise durch die Monate von der Empfängnis zur Geburt zusammengestellt.

48 Seiten
FARBIG

			PDF-Schullizenz
Buch	15 005	21,80 €	
PDF	P15 005	17,49 €	70,- €

Gabriela Rosenwald

Gesundheit Gesund leben – gesund bleiben

Inhalt: *Was gehört zur Gesundheit?; Krank sein - was ist das?; Mikroben, Kinderkrankheiten, Allergien; Hygiene und Sauberkeit, Händewaschen, Kopfläuse; Gesundheit rund um die Schule (Schulstress, Prüfungsangst, Mobbing ...); Schlaf u.v.m.*

3 4

64 Seiten

			PDF-Schullizenz
Buch	11 353	16,80 €	
PDF	P11 353	13,49 €	54,- €

Gary M. Forester

Die Entwicklung des Menschen

Die Entwicklung des Menschen spiralförmig dargestellt. Einzelne farbige Segmente bilden eine übersichtliche Entwicklungsspirale. Das farbige Material besteht aus Segmenten zur körperlichen Entwicklung ... und macht sie sichtbar!

48 Seiten
FARBIG

			PDF-Schullizenz
Buch	15 012	19,80 €	
PDF	P15 012	15,99 €	64,- €

Eva Egli

Mit allen Sinnen Erklärungen, Übungen & Experimente

Ein Überblick über alle Sinne und Übungen hierzu. Die Kinder setzen die lustvollen Übungen wie „Memory", „Blindschleiche" oder „Schrecksack" in einem Sinnes-Projekt ein oder verwenden sie einfach zur spielerischen Auflockerung mit allen Sinnen.

1 2 3

52 Seiten

Buch	11 153	14,80 €

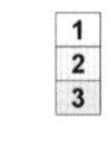

Gary M. Forester

Die fünf Sinne

Legematerial zu den fünf Sinnen hören, riechen, sehen, schmecken und fühlen. Das ansprechende Material bietet neben zahlreichen Infos in Textform auch eindrucksvolle Bilder und Wissenswertes über die Funktionsweise des jeweiligen Sinnes.

32 Seiten
FARBIG

			PDF-Schullizenz
Buch	15 020	16,80 €	
PDF	P15 020	13,49 €	54,- €